CB046220

GUARDIÕES DE QUATRO PATAS

PATRÍCIA CÂNDIDO

GUARDIÕES DE QUATRO PATAS

COMO OS ANIMAIS PROTEGEM NOSSA MISSÃO NA TERRA

Luz da Serra
EDITORA

Nova Petrópolis/RS - 2021

Capa
Desenho Editorial

Produção editorial
Tatiana Müller

Projeto gráfico
L Aquino Editora

Revisão
Aline Naomi Sassaki

Ilustrações
Iasmin Hennemann

Imagens do miolo
Freepik.com.br

Dados Internacionais de Catalogação na Publicação (CIP)
(Câmara Brasileira do Livro, SP, Brasil)

Cândido, Patrícia
   Guardiões de Quatro Patas : como os animais protegem nossa missão na Terra / Patrícia Cândido. -- Nova Petrópolis : Luz da Serra Editora, 2021.

   ISBN 978-65-88484-39-5

   1. Animais 2. Autoajuda 3. Espiritualidade 4. Histórias de vida 5. Humanos e animais – Relacionamento 6. Relatos pessoais I. Título.

21-88006   CDD-156

Índice para catálogo sistemático:
1. Humanos e animais : Relacionamento 156
Eliete Marques da Silva – Bibliotecária – CRB-8/9380

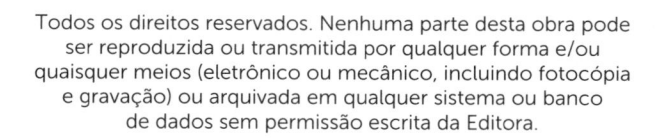

Todos os direitos reservados. Nenhuma parte desta obra pode ser reproduzida ou transmitida por qualquer forma e/ou quaisquer meios (eletrônico ou mecânico, incluindo fotocópia e gravação) ou arquivada em qualquer sistema ou banco de dados sem permissão escrita da Editora.

Luz da Serra Editora Ltda.
Avenida Quinze de Novembro, 785
Bairro Centro - Nova Petrópolis/RS
CEP 95150-000
loja@luzdaserra.com.br
www.luzdaserra.com.br
loja.luzdaserraeditora.com.br
Fones: (54) 3281-4399 / (54) 99113-7657

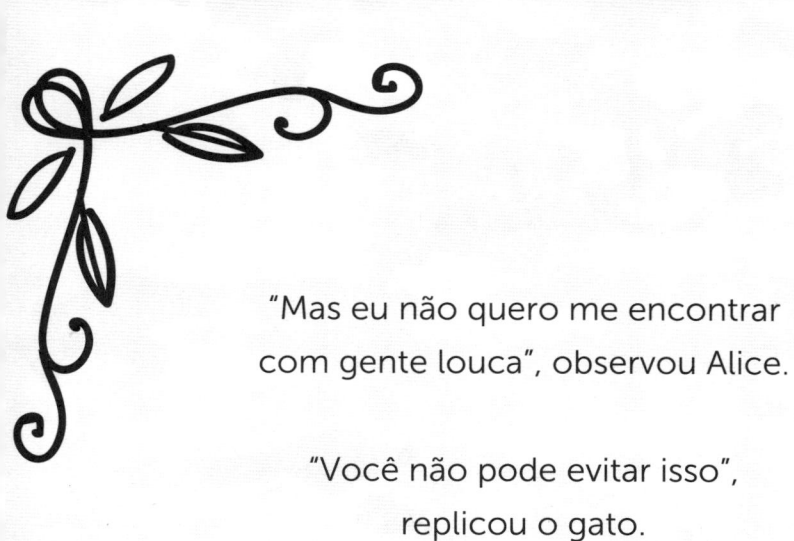

"Mas eu não quero me encontrar com gente louca", observou Alice.

"Você não pode evitar isso", replicou o gato.

"Todos nós aqui somos loucos. Eu sou louco. Você é louca."

"Como você sabe que eu sou louca?", perguntou Alice.

"Deve ser", disse o gato. "Ou não estaria aqui."

Alice no País das Maravilhas, Lewis Carroll.

SUMÁRIO

PREFÁCIO 9

LUA CRESCENTE
Por Tuchinha 14

LETRAS E PELOS
Por Patrícia Cândido 18

O PRESENTE DE AIA
Pelo Cão Presente 29

PADRINHOS MÁGICOS
Por Patrícia Cândido 33

UM FOGÃO A LENHA
Por Kojac 41

A VIDA REAL
Por Patrícia Cândido 45

A FORÇA DE UM MINGAU
Por Patrícia Cândido 51

VINGANÇA É UM PRATO QUE SE
COME FRIO
Pelo Ganso Zagalo *54*

O GUARDIÃO
Pelo Lagarto Leopoldo *58*

O ÚLTIMO DIA
Por Patrícia Cândido *63*

RECURSOS HUMANOS
Por Patrícia Cândido *69*

UM GUERREIRO PROTETOR
Por Thor *79*

ALMAS GÊMEAS
Por Patrícia Cândido *85*

DE OUTRAS VIDAS
Por Thor *96*

VIDAS CRUZADAS
Por Patrícia Cândido *101*

SETE VIDAS NUM QUINTAL
Por Tati *109*

EXPLORANDO O UNIVERSO
Por Patrícia Cândido *113*

A FLOR DE CEREJEIRA
Por Patrícia Cândido *117*

UIVANDO AO LUAR
Por Rebecca *125*

UMA VIDA INCOMUM
Por Patrícia Cândido *129*

SAMADHI, UMA VIDA
COM PROPÓSITO
Por Patrícia Cândido *142*

A CONTEMPLAÇÃO
Por Samadhi *162*

A ESPINHA DORSAL
Por Patrícia Cândido *166*

O RETORNO DO GUARDIÃO
Por Jorge Cândido *181*

ASCENDENTE REVELADO
Por Patrícia Cândido *186*

LUA NOVA
Por Patrícia Cândido *193*

POSFÁCIO
Por Dr. Álvaro Abreu *196*

CADERNO DE FOTOS *200*

PREFÁCIO

Por Patrícia Cândido

O que seria do nosso planeta sem os animais?
Será que haveria vida? A resposta é não. As abelhas e seu trabalho de polinização são responsáveis pela maior parte das flores existentes no mundo e, por consequência, dos alimentos que consumimos. O plâncton carrega, através das correntes marítimas, micro-organismos fundamentais para alimentar a vida marinha, e algumas linhas de estudo confirmam que eles foram os primeiros habitantes do planeta, podendo até se tratar de organismos extraterrestres. Primatas têm uma dieta rica em frutas, e as sementes presentes em suas fezes são responsáveis por novas árvores que nascem com o intuito de continuar alimentando as espécies. Isso sem falar nos morcegos, pássaros, insetos e fungos que também são responsáveis pela biodiversidade e equilíbrio da vida em nosso planeta. O reino animal possui essa consciência de interdependência das espécies e um "algoritmo" natural capaz de estabelecer uma inteligência intrínseca de como utilizar os recursos naturais, algo que nos falta enquanto seres humanos.

Por isso, o reino animal é tão rico em ensinamentos, sabedoria e em nos transmitir uma sapiência que ironicamente não temos. Falo ironicamente por nossa espécie se chamar "homo sapiens" e sapiência ser justamente o que nos falta quando o assunto é a relação com a natureza. Humanos possuem uma cultura exploratória dos recursos naturais, o que gera desequilíbrio climático, lixo, extinção de espécies e caos ecológico.

Os animais fazem exatamente o contrário: nos ensinam o tempo todo a ser mais pacientes, respeitar os ciclos da natureza, a ter mais leveza, a aproveitar o momento presente e, principalmente, a valorizar o que importa e muitas vezes não é visível, não é tangível.

Esta obra foi uma linda surpresa trazida a minha vida pela **serendipidade**. Embora a minha relação com os bichos tenha sido sempre linda e recheada de lições e sincronicidades, nunca imaginei escrever um livro sobre essa temática. E aqui já quero agradecer duas pessoas fundamentais na produção deste lindo trabalho: Rackel Accetti, que sugeriu o tema por saber que eu tinha boas histórias pra contar sobre os bichos que acompanham minha jornada desde que nasci, e Cinthia Dalpino, que, com sua sensibilidade, deu vida às minhas histórias e conseguiu se comunicar com meus bichos guardiões que hoje vivem na dimensão espiritual.

Jamais pensei que um dia escreveria minha biografia, pois, embora já tenha conquistado muitas coisas incríveis e passado por muitos perrengues, gosto de levar uma vida normal como a maioria das pessoas. Mas digamos que, sem querer, este livro acabou se tornando uma biografia pelo olhar dos meus bichos.

E me dei conta, durante essa trajetória, que sempre fui protegida e guardada por eles, que com certeza eram seres de luz disfarçados de animais.

O foco do livro é demonstrar a importância do apoio e energia espiritual dos animais em momentos difíceis, dolorosos, em que os problemas se tornam maiores do que a alegria de viver.

Não construímos este livro pra trazer tristeza, e também não estou dizendo que minha vida não é feliz, pelo contrário: sou muito feliz, principalmente por ter os bichos sempre por perto, me protegendo com seu amor, que é o mais puro que existe. **Animais sabem se doar sem limites**, então você vai se chocar com histórias muito emocionantes e, às vezes, até tristes, mas isso tudo apenas para demonstrar que os bichos nunca vão desistir de você. Eles estarão sempre ali, para o que der e vier.

Então só quero fazer um "disclaimer" aqui para avisar que sim, você vai chorar... e talvez muito! Principalmente se você já passou por momentos semelhantes ao que contamos aqui.

Prepare os lenços, porque nas próximas páginas você vai conhecer relações inusitadas: tem ganso, lagarto, porca, cavalo... e, claro, cachorros e felinos, que tornaram minha vida mais leve nos momentos difíceis, porque eles decidiram cumprir a linda missão de se doar infinitamente, ajudando a aliviar a carga emocional que é tão pesada para nós, seres humanos.

Tenho a coragem de dizer aqui, para todo mundo, que os lutos mais difíceis da minha vida foram com meus bichos... Muitas pessoas não vão entender, e tudo bem! Pessoas são falíveis. Pessoas mentem. Pessoas julgam. Pessoas ferem. Pessoas não são perfeitas. Mas os bichos são! E, por isso, sua partida de nossas vidas é tão dolorosa, porque eles são "zero defeitos", como dizem por aí. **Eles são a expressão plena do amor.**

Espero que você se emocione, se divirta e compreenda principalmente que Deus se faz presente em nossa vida através deles. Quem tem uma relação de intimidade com um animal, aquela que percebemos no olhar profundo e enigmático dele, experimenta o amor mais sublime do universo, e está unido a Deus para sempre.

Boa jornada para nós!
PATRÍCIA CÂNDIDO

LUA CRESCENTE

Por Tuchinha

Ilustração: Iasmin Hennemann

Aquela barriga crescia conforme as luas passavam e eu tinha um misto de pena e admiração por aquela mulher. Pelo jeito que ela tentava se equilibrar durante toda gravidez, tanto física quanto emocionalmente.

Tinha perdido uma filha pequena fazia pouco mais de um ano. "Coitada da Dona Lurdes", eu pensava enquanto a via se segurando nas cadeiras no final da gestação. Quase 40 anos, barriga pesada, mas cara de contente por poder gerar mais uma criança. Pelas minhas contas, era a sexta vez que aquilo acontecia. Numa das vezes tinha perdido o bebê e ficado triste demais com tudo aquilo.

Mas ela era uma mulher daquelas decididas. Mesmo depois de tanto tempo, tinha assumido que teria mais uma filha, apesar de ter passado por tanta coisa. Eu não tinha presenciado tudo, mas diziam que quando os filhos mais velhos (que já estavam com seus 16, 17 anos) eram pequenos, ela saía munida com uma espingarda a tiracolo para ir atrás de ajuda se um deles ficava com febre. Essa era a forma que ela tinha encontrado para se defender quando se via sozinha com as crianças naquela época.

Fazia de tudo para defender as crias do que quer que fosse. E só eu sabia o que ela passava quando ninguém estava por perto, a noite caía e eles iam dormir. Eu ouvia seus lamentos.

Talvez por isso ela gostasse tanto de mim.

O marido, sempre trabalhador, às vezes viajava, mas ela cuidava de tudo sozinha com o pé nas costas. E, grávida daquela menina, ela parecia diferente, com um brilho que eu não tinha visto antes.

Um dia ela me olhou bem nos olhos, ficou encarando minha testa e disse que eu tinha uma ruga bonita entre os olhos.

— Tuchinha, você é tão linda. Adoro você, minha gorducha — era o que eu escutava.

Ela dizia que eu era sua porquinha de estimação. Mas ser uma porca de estimação não era fácil, porque eu tinha que escolher o jeito certo de me portar num lugar onde os bichos não são bem aceitos: dentro de casa.

Mas ela gostava de mim. Ô se gostava! Gostava tanto que às vezes me acariciava e eu ficava ali desejando que a menina nascesse com uma ruga bonita no meio da testa, igual a minha, e que fosse bem gorducha.

Se eu fosse uma fada madrinha, esse seria meu presente. Que ela nascesse com saúde, muita saúde, igual um porco criado. E que tivesse uma marca de nascença como a minha.

O tempo passou rápido.

Dizem que o parto não foi fácil. E a menina — não sei se por causa do meu pedido, ou porque ela comia bastante naqueles tempos —, nasceu com mais de cinco quilos. Era uma belezura de criança. Tinha nascido criada.

Quando ela chegou em casa, a primeira coisa que vi foi que meu desejo tinha sido realizado: ela tinha sido abençoada.

A menina tinha uma ruga igual a minha no meio da testa. Talvez aquilo significasse alguma coisa. **Quem sabe ela também não tivesse nascido com algum poder especial?**

LETRAS E PELOS

Por Patrícia Cândido

Ilustração: Iasmin Hennemann

Eu estava dentro do carro com meu pai e minha mãe, com a cabeça enfiada entre os bancos dianteiros, quando dei o grito:

— PARE!!!

Meu pai, que já tinha parado, achou aquilo estranho. Eu estava com quatro anos e meio, e confesso que é uma das minhas primeiras lembranças da infância. Olhar para aquela placa que sinalizava alguma coisa e juntar duas sílabas era algo inédito até então — com muito espanto, eles se deram conta: a menina sabia ler.

A menina que ia se chamar Débora, mas, por obra do acaso, do destino, ou da bebida que meu pai tinha tomado logo depois do meu nascimento para celebrar a minha vida, tinha ganhado o nome de Patrícia. Isso porque ele lembrou que o nome que minha mãe havia dito lembrava "abóbora", mas a escrevente do cartório também achou Patrícia um nome bonito.

Logo, virei Patrícia.

E, naquele dia, quatro anos e meio depois de nascer, aprendia a ler uma placa de trânsito. Chegamos na casa dos meus tios e logo vi um jornal meio amassado na mesa da sala. Não tive dúvida: comecei a juntar cada palavrinha até conseguir ler tudo que podia.

Desde então, as letras viraram minha companhia e eu já não vivia mais sem livros.

Para não dizer que me isolava completamente com eles, quem sempre estava comigo durante as extensas horas que eu me dedicava à leitura eram os nossos cachorros.

Na minha casa sempre teve cachorro.

Meu irmão, o Jairo, que já era adolescente, tinha um cão perdigueiro chamado Cauby. A minha irmã Lília tinha um collie laranja chamado Ringo, e a mais velha, chamada Marga, tinha o Kojac, um cão da raça pequinês. Cada irmão tinha um cachorro, mas eu sentia que os três eram meus!

A minha relação com o Ringo era um pouco diferente, pois ele era filhote e faz parte das primeiras lembranças da minha infância. Ele era similar a um Golden Retriever, de olhos puxados. Minha mãe permitia que ele fosse nos acordar aos sábados pela manhã (dia de trocar as roupas de cama) e, por isso ele fazia muita festa, subia nas camas, nos cheirava, pulava feito doido. Ringo era agitado, ansioso, e meus irmãos acertaram em cheio no nome, homenageando Ringo Starr, baterista dos Beatles. Ele era um cachorro com energia de baterista e lembro dele até hoje com muito amor, pois ele fez parte dos momentos mais felizes e inspiradores da minha infância. Ele é a primeira lembrança que tenho de sentir o amor verdadeiro e a alegria que só os bichos são capazes de nos dar.

Morávamos em Guaíba, uma cidade ao lado de Porto Alegre, no Rio Grande do Sul. Vivíamos numa zona rural, numa casa gostosa, cercada de animais por toda parte. E eu me inspirava na figura intensa da minha mãe, uma leonina brava que tinha aprendido na marra como se defender quando estava sozinha com os filhos.

Dona da própria vontade, minha mãe era uma figura muito peculiar — tão peculiar que tinha uma porquinha de estimação chamada Tuchinha. Uma porca com uma ruga na testa. Sabe-se lá por qual razão, nasci com a mesma ruga da porquinha e logo que minha mãe me olhou, disse assim: "Meu Deus! A guria nasceu com a cara da Tuchinha". Além da ruga, eu e ela tínhamos o lóbulo das orelhas separado, como se fosse um brinco.

Católica fervorosa, lá foi ela fazer uma novena para desmanchar a ruga, que ainda permaneceu comigo por um bom tempo.

Mas não era só ela que tinha um porco de estimação. Eu também cultivava tais estranhezas.

O meu se chamava Roque Santeiro. Ah, e tinha o Zagalo, um ganso mal-humorado que vivia em pé de guerra comigo.

Era uma infância muito alegre e descontraída. Eu tinha alguns amigos da região que não tinham noção de perigo e pegavam pneus velhos de caminhão para que pudéssemos descer o arroio que cortava o fundo dos terrenos da vizinhança com a correnteza, e só na hora que eu chegava em casa minha mãe perguntava o que eu tinha me atrevido a fazer. "Por que está toda molhada?" E não tinha nem como enganá-la sobre as travessuras que já tinham sido feitas.

Mas eu estava sã e salva em casa — e isso por si só a fazia respirar fundo de alívio. Pelo menos eu acho.

Era dentro desse contexto que acontecia uma vida paralela: uma com a leitura, outra com os bichos. Era como se eu pudesse atravessar dimensões quando tinha essas companhias. Fosse dos livros, fosse dos animais.

De uma coisa eu já tinha certeza: as letras me acompanhariam para sempre e eu navegaria com elas até a idade adulta e um dia trabalharia com livros.

No entanto, aprender a ler tão cedo também tinha seu lado ruim: eu precisava exercitar a paciência para esperar os colegas da sala de aula juntar as palavras. Minha mãe dizia que quando eu nasci, parecia que já era uma criança de seis meses pelo meu tamanho. Talvez a pressa em crescer tivesse começado dentro da barriga mesmo.

O fato é que, enquanto esperava meus colegas serem alfabetizados, eu corria para a biblioteca da escola, onde lia os clássicos da *Coleção Vagalume*, livros infantojuvenis. E quando levava todos eles para casa, eram os meus companheiros de pelos que ficavam ao meu redor. Talvez eles sentissem que eu estava viajando com cada palavra. Dentro daquele universo paralelo, criávamos um momento de conexão.

Eu ficava ali, sentada na saída da cozinha da minha mãe, onde tinha uma área de serviço, devidamente acomodada num banquinho de madeira quadrado, presente do meu padrinho.

E as horas se passavam assim, sem que nenhum coelho branco passasse por mim para trazer a noção de que o tempo tinha passado tão depressa.

Além daquele portal mágico onde eu e os três cães nos enfiávamos quando eu estava imersa no mundo da fantasia para onde os livros me levavam, existia outro lugar, ainda mais especial: a biblioteca da Dona Maria.

A Dona Maria e Seu Álvaro, nossos vizinhos mais próximos (o que, na zona rural, quer dizer que eles moravam a uns dez quilômetros da nossa casa), tinham uma grande biblioteca com muitos livros e revistas. E aquilo, para mim, era como o paraíso. Meus olhos brilhavam tanto quando eu chegava ali, que eles sempre me emprestavam exemplares de suas coleções particulares.

Até que, um certo dia, ela me deu uma enciclopédia de presente. O nome dela era *Os Grandes Mestres da Humanidade*. Eu me lembro até hoje do coração batendo forte voltando para casa na companhia de todos aqueles personagens que tinham vivido com ela durante tanto tempo, mas que iam passar a fazer parte da minha vida desde então.

Aliás, Dona Maria também era uma grande amante dos animais. Tinha gato, pato e criava os bichos todos soltos num lindo quintal.

E, assim, livros e animais faziam parte da minha vida como se eu não pudesse respirar sem tê-los por perto. Eram meu oxigênio.

Meu pai, que sabia lidar com animais por ter sido assistente de um veterinário, sempre me chamava para ir com ele na época de tosa das ovelhas. Os fazendeiros da região sempre convidavam meu pai para a tosquia um pouco antes da primavera, e eu amava aquela época linda e florida de renascimento e luz, e o que eu mais amava eram as ovelhas bebês e a interação que eu tinha com elas. Eu adorava ver a tesoura cortando lã, embora tivesse muito medo de imaginar que os bichinhos pudessem ser machucados em algum momento daquele processo.

Foi uma infância cheia de episódios engraçados. Outros, nem tanto.

Certo dia, um traficante bem conhecido na cidade bateu à nossa porta. Seu cavalo — fiel escudeiro — estava muito machucado. E ele tinha medo de que o animal morresse. "Salve ele e eu lhe serei grato pelo resto da vida", disse o homem ao meu pai.

Meu coração saltou pela boca. Se ele daria a vida pelo cavalo, podia matar meu pai caso o animal morresse. Fiquei ali rezando, escondida para meu pai conseguir salvar o cavalo daquele homem.

Por sorte, ou oração, depois de alguns dias, o cavalo foi se recuperando e escapou ileso. E o tal do traficante saiu dali feliz da vida enquanto eu suspirava aliviada.

Tinha dias que minha mãe me mandava para a casa de alguém. Era quando iam matar algum bicho para comer, geralmente um porco ou alguma galinha. Não importava que animal fosse, sempre que eu via que isso ia acontecer, ficava perto da cerca, com tanto dó que minha energia segurava a alma dos animais. E eles não morriam de jeito nenhum.

Minha mãe achava aquilo estranho. Achava que eu sofria e me mandava pra longe nos dias em que isso ia acontecer.

Mas eu nunca estava sozinha. Cada dia tinha a companhia de um autor diferente e dos nossos cachorros, fiéis escudeiros, que jamais me abandonavam.

Só que, certa noite, o Cauby começou a uivar. Não era um uivo comum. Era um uivo de dor, mesmo que fisicamente ele estivesse bem como sempre. E aquilo foi se estendendo até que chegasse a manhã seguinte, quando tocaram a campainha de casa.

A notícia que chegava era devastadora: o Jairo, meu irmão mais velho, tinha sofrido um acidente de carro.

No meio daquela confusão de palavras, ouvi uma inconfundível: morte.

Eu tinha 8 anos apenas. E com essa idade a gente já leu alguma coisa sobre aquilo, mas não sabe nem de longe como lidar quando ela bate à nossa porta. E ela estava ali, escancarada, junto com os homens da equipe funerária.

Eu me lembro do meu choro, do congelamento total das emoções diante daquela tragédia com um menino de 24 anos. Me lembro do meu desamparo ao imaginar a vida sem ele dali pra frente.

E minha mãe, que já tinha lidado com tantas perdas, tentou ser forte. Mas perder um filho assim não é o tipo de coisa que passa pela cabeça de alguém. E enquanto ela segurava o choro, o Cauby chorava por ela. E por todos nós.

O cão perdigueiro, companheiro do meu irmão, uivava ininterruptamente e definhava dia após dia, recusando comida, recusando qualquer carinho. Ele era a expressão do nosso sofrimento.

Dias depois, ele desapareceu, sumiu e não conseguimos encontrá-lo.

Ele foi embora e carregou consigo toda a tristeza de nossa casa.

Meus pais mergulharam em uma profunda depressão que se estendeu por muitos anos e, na verdade, acredito que nunca se recuperaram dessa dor.

O PRESENTE DE AIA

Pelo Cão Presente

Ilustração: Iasmin Hennemann

— Aia, menina... vamos?

Ele a olhava com olhos de quem ama. Era um amor bonito de se farejar. E eu era bom em farejar amor, mas melhor ainda em sentir aquele cheiro de pão que sempre vinha do carro daquele homem.

Fiquei uns dias olhando-os de longe até descobrir que ela o chamava de dindo, mas o apelido dele era Fano. E o nome dela era Patrícia. Mas, por algum motivo desconhecido, ele a chamava de "Aia". E ela ouvia aquele "Aia" e saia correndo até ele.

O tal do padrinho enfiava a menina no Fusca verde e iam entregar os pães cidade afora. Pelo menos era o que parecia, porque lá de longe, quando eu via aquela movimentação toda, podia perceber que na volta não tinha mais pão nenhum para contar história.

Às vezes ela levava nas mãos uma coisa crocante e ia comendo dentro do carro. E, antes de aparecer ali, fiquei alguns dias observando o vaivém deles dois. Ela não mostrava a tristeza, mas eu sentia que tinha um pedaço daquele coração que tinha sido cortado. Era como se tivessem arrancado de repente uma parte dele e ela tentasse, com todo esforço do mundo, continuar sorrindo diante daquele mundo desabando.

Ninguém podia ver, mas eu via a alma dela. E ela tinha brilho, um brilho que iluminava uma família inteira, mas que se apagava de vez em quando. Fiquei sem entender o porquê de uma menina tão especial se sentir daquele jeito, até que um dia consegui sentir a dor dela. Tinha perdido um irmão. E só de pensar naquilo, ela sentia aperto no peito.

Não queria ficar triste pra não permitir que a mãe sofresse mais.

Eu sabia que ela gostava de animais e decidi que ia aparecer de surpresa numa data festiva, de um jeito que ela não se lembrasse da ausência do irmão. E apareci logo no Natal, mas não na casa dela. Na casa do tal padrinho, onde ela seria a visita.

Um dia antes do almoço de Natal, cheguei de mansinho. Foram perceber que eu estava ali uns minutos depois, e o fato de eu não ter sido convidado não mudou em nada as coisas.

Até que chegou dia 25 de dezembro. Senti uma onda se aproximando. Era um calor que vinha dali de perto — era ela. Seus olhos cruzaram com os meus, e ela perguntou quem eu era. O padrinho disse que eu tinha aparecido ali no dia anterior, mas ela continuava encantada, com uma fixação, uma espécie de transe.

— Como assim, apareceu?

A menina fazia muitas perguntas. Eu me aproximei dela aos poucos e pude perceber que aquele vazio que eu tinha sentido em seu coração dias antes começava a se preencher. Ela tinha um motivo para sorrir. Ela me olhava, acariciava, como se estivesse trocando a energia parada. Por alguns segundos, toda a atenção de sua alma estava voltada para mim. Era como se seu olhar trouxesse um brilho de esperança.

Fiz ninho debaixo de seus pés quando ela se sentou, me aconchegando cada vez mais perto. Era ali que eu queria estar. Era ali que ela queria que eu estivesse.

Em algum momento, começaram a me dar um nome: Presente. Diziam que eu era um presente de Natal.

Eu sabia que iria embora logo, mas não consegui deixá-la. Não naquele dia, nem no dia seguinte. Mas sabia que já tinha acendido o fio da esperança e da renovação naquele coraçãozinho machucado. Se ela sentia que ninguém a compreendia, eu sabia compreender aquele suspirar.

E ela, por algum motivo, parecia ser a única a entender o real motivo de eu estar ali.

PADRINHOS MÁGICOS

Por Patrícia Cândido

— Aia, menina... vamos?

Eu ouvia aquela voz e já me sentia abraçada com o calor que vinha do outro lado da cerca. Pegava meu banquinho, subia nele e o dindo me puxava pelos braços. Era nosso ritual diário. Eu e ele — meu padrinho tão amado pela minha família. Escolhido a dedo pelos meus pais para ser corresponsável pela minha criação.

Ele e sua esposa, minha dinda Lourdes, eram padeiros. Daqueles de mão cheia. Tinham nascido para colocar a mão na massa, literalmente. E minha história com eles era de total veneração, tanto que, na primeira vez que fugi de casa, aos 5 anos, acabei indo parar na casa deles.

Munida de uma mochila com uma boneca e um pacote de bolachas, fui encontrada pela dinda Lourdes no ponto de ônibus.

— Oi, Patrícia, para onde você vai?

Olhei para ela decidida.

— Ah, eu vou embora dessa família que ninguém me entende. Vou para o centro de Guaíba que alguma família vai me querer lá, porque eu sou muito legal.

Ela me olhou com um sorriso diferente.

— Ah, tu gostas de ir lá pra casa né?

Fiz sinal afirmativo com a cabeça e ela deu uma solução para o meu caso.

— Por que ir para uma família que você não conhece? Vamos lá pra casa.

Olhei pra ela e decidi que iria. Era uma boa ideia.

Claro que logo que cheguei lá, ela contou para minha mãe e as duas combinaram de não ir me buscar. Fiquei lá o dia todo e, ao cair da noite, comecei a ficar preocupada que meus pais não tinham percebido minha ausência.

Acabei voltando pra casa.

Mas ali sempre foi minha segunda casa e, com o chamado do meu dindo que me apelidava de "Aia", porque eu costumava ser daminha de honra dos casamentos da época, eu saía de casa todas as manhãs para entregar os pães fresquinhos que eles faziam todos os dias.

Desde que me lembro por gente, eu sabia que nossas famílias eram amigas. E todos os dias, mesmo quando não ia junto com meu dindo Fano entregar pães, ia na casa deles seguindo aquele cheirinho de pão fresco que invadia toda a vizinhança.

Nossas manhãs eram animadas no Fusca verde do meu padrinho. Assim que entrávamos no carro, eu já era presenteada com minha guloseima favorita. Claro que o nome não podia ser diferente: cachorrinho. Era feito com uma massa folhada e uma salsicha no meio. Mas não era qualquer massa folhada. Era uma massa crocante que só a dinda Lourdes sabe fazer.

Eu saboreava cada pedaço daquele salgado até chegarmos na primeira padaria e seguirmos o roteiro. Havia vários pontos da cidade onde não se produziam pães e eram nesses lugares que eu e o dindo entregávamos.

Aquilo, para mim, era uma verdadeira aventura. As aventuras no Fusca verde que cheirava a pão fresco e tinha uma menina que ria das borboletas passando, ao lado de seu padrinho que sempre ia contando as histórias mais malucas.

Era impossível não se apaixonar pelos meus padrinhos.

E era na companhia deles que passávamos os Natais. Não a véspera, porque nesses dias eles iam dormir cedo, mas os almoços do dia 25. E foi num desses almoços que ele surgiu: um cachorro de porte médio, cor ocre, do tamanho de um labrador. Bem cuidado e com um pelo fofo daqueles que toda criança adora, olhei encantada.

— Quem é esse cachorro?

Eles explicaram: o tal do cachorro tinha aparecido um pouco antes do Natal e ficara ali perambulando pelos cantos. Parecia bem cuidado. A teoria era de que estava ali pelo cheiro do pão que naquela época era ainda mais caprichado.

Então demos a ele o nome de Presente. Era o Presente de Natal. Um amigo canino era tudo que nossa família precisava para animar aquele almoço.

Logo ficamos conectados, como sempre acontecia quando eu estava diante de qualquer animal. Ele parecia especial. Tinha um olhar brilhante, como se uma estrela pulsasse dentro dele.

Me lembrei do meu irmão e, por algum motivo, suspirei. Ele se aconchegou perto de mim e parecia entender que tudo que eu precisava era de uma pitada de esperança. No futuro, na vida. E nos dias que se seguiram, ele ficou por ali, até o dia do Ano-Novo, quando desapareceu misteriosamente.

Fiquei apreensiva, mas sabia que ele era um cachorro bem cuidado e devia ter alguma família esperando por ele.

Um ano se passou até nos encontrarmos novamente. Era exatamente na véspera de Natal que ele apareceria com seu ar da graça.

— Presente! — gritei quando o vi. E ele parecia ter me reconhecido. Ficou animado enquanto eu abria um sorriso e agachava para deixá-lo lamber todo meu rosto.

Pode parecer estranho o que vou contar a seguir, mas a verdade é que o Presente partiu no dia de Ano-Novo, mais uma vez. E retornou no ano seguinte, na antevéspera de Natal.

Ele desaparecia e vinha. Todos os anos. E a impressão que eu tinha era de que ele era a materialização de uma coisa boa do Natal. **Eu via o Presente como um Espírito do Natal.**

Cada vez que eu o via, tinha esperança de que as coisas iam melhorar.

E, de fato, por algum motivo mágico, quando eu estava em sua presença, nenhuma sensação ruim surgia no peito. Ele neutralizava tudo e ainda trazia uma carga extra de esperança. Mas o melhor é que no quarto ano percebemos que ele só apareceria mesmo nos Natais. E isso foi trazendo uma magia, uma espécie de mistério. Era algo que ninguém sabia explicar, mas que aconteceu durante exatos sete anos seguidos.

O Presente era um milagre. Um animal enviado. Como um anjo que vinha fazer com que ninguém ficasse triste naquele dia santo.

O Presente era, de fato, um presente divino. Como uma daquelas milagrosas aparições que faziam com que as pessoas soubessem que estavam sendo amparadas.

Eu ainda era muito nova para saber tudo que sei hoje, mas sentia que, de alguma forma, aquele cachorro era mais que um animal de estimação de alguém.

Nenhum animal surge na vida de alguém em vão. Nem se vai. Eles são as bênçãos que recebemos temporariamente nos momentos que mais precisamos, mas nem sempre conseguimos enxergar.

No oitavo ano, o Presente não apareceu. Ele já tinha cumprido seu papel.

Ele tinha nos mostrado que o que valia, a cada ano, era o momento presente. Era uma relação sem apegos. Ninguém sabia se ele ia voltar ou não. Tínhamos que viver com ele, e aproveitar o Presente, enquanto ele estava ali.

E, na verdade, ninguém sabe o que vai acontecer depois. Nem em cinco minutos. Uma das maiores demonstrações de fé do ser humano é ajustar um despertador para o dia seguinte... quem garante que vamos acordar no dia seguinte? A nossa fé!

E o Presente nos fez entender isso: que deveríamos amar a cada dia, a cada vez que estivéssemos com ele. O Presente nos ensinou a viver e aproveitar bem o momento presente.

UM FOGÃO A LENHA

Por Kojac

Ilustração: Iasmin Hennemann

Era debaixo daquele fogão a lenha que muita história era contada. Eu tinha ali um lugar sempre quentinho pra ficar. Mas o principal motivo pelo qual eu estava sempre ali era porque a Dona Lourdes falava enquanto cozinhava. Não que ela falasse em voz alta, mas eu ouvia praticamente todos os pensamentos que ela tentava esconder de todo mundo.

Eles ficavam ali, como sentimentos soltos e sem rumo. Pra lá e pra cá. E à noite, enquanto eu me esquentava por ali, ficava imaginando como era difícil aquela vida que eles estavam levando.

A menina já estava com 14 anos. Estudava à noite e trabalhava de dia. O pai, desempregado. A mãe sentindo tudo aquilo enquanto cozinhava. O medo de faltar misturado com a culpa de deixar a menina sair de casa pra buscar sustento tão cedo.

Eu ouvia as conversas. O pai dizia: "Patrícia, você precisa começar a trabalhar para pagar algumas despesas".

E a danada era esperta, não reclamava disso, não. Fazia tudo que fosse possível pra conseguir aliviar o fardo de quem quer que fosse. Parecia que ela, tão nova, já carregava a força de um batalhão nas costas.

Tudo que eu sabia era que estava difícil pra todo mundo. Aquela mãe ainda não tinha superado a morte do filho. O pai não se imaginava sem emprego tão cedo. E a menina... bem, eu sentia que as coisas também não andavam bem pro lado dela. Às vezes, enquanto me acariciava, entre uma aula e o trabalho, ela confidenciava como tinha perdido amigos. Não queria se envolver com "coisa ruim", e naquela turma de adolescentes muita gente tinha se desviado.

Mas ela mantinha a alma pura. Acho que por isso eu gostava tanto dela.

Quando eu via uma lágrima ou outra escorrendo, corria pra lamber. Até as lágrimas dela pareciam feitas de açúcar. A menina era um doce de pessoa.

Só que eu sabia que ninguém podia mexer com ela.

Pelo menos meu faro dizia que ela já tinha passado por poucas e boas.

A verdade é que de tanto segurar as pontas da casa, fui perdendo as forças. Ora eu tirava a angústia do pai, ora a saudade da mãe. Ora o medo de todos eles. E eu só fazia isso por um motivo. Aliás, se você não sabe, os cachorros só fazem isso por um motivo: amor.

O amor que trocamos com nossas famílias de alma transcende qualquer coisa. Tenho certeza de que eu era muito amado, mas amava demais aquela família. Ô se amava. Tudo estava muito difícil entre eles. Decidi deixar o resto das minhas forças ali.

Sabia que ficariam tristes, mas eu precisava partir.

Debaixo daquele fogão a lenha, que tinha tanta história pra contar, dei meu último suspiro. Não queria ninguém triste. Me calei e parti.

A VIDA REAL

Por Patrícia Cândido

Sair da infância e entrar na adolescência foi como um chute no estômago. A vida real tinha seus contrastes.

Enquanto na infância eu andava entre bichos, conversando com cavalos e cachorros, na adolescência eu precisava entender que sobreviver entre humanos não era tão simples quanto parecia. Alguns dizem que tem gente que é "pior que bicho". Eu discordo. Acho que tem gente que nem merece ser chamado de bicho.

E esses quatro meninos eram esse tipo de gente. Nem tenho coragem de dizer que eram uns animais, porque animais não faziam aquele tipo de coisa.

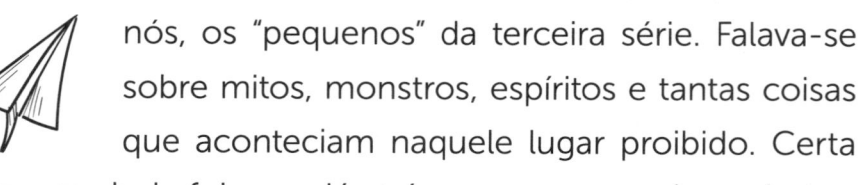

Tinha uma parte da escola que era o *dark side*, um lugar atrás da horta que ninguém se atrevia a ir, principalmente nós, os "pequenos" da terceira série. Falava-se sobre mitos, monstros, espíritos e tantas coisas que aconteciam naquele lugar proibido. Certa vez, uma bola foi parar lá atrás, porque um colega chutou muito forte enquanto brincávamos, e eu havia retirado a bola na diretoria e precisava devolver, pois ela estava registrada em meu nome... Então só havia uma maneira de resolver: ir buscar. Meus colegas imploraram pra eu não ir, mas eu disse que não tinha medo de monstros ou espíritos, e lá fui eu pegar a tal da bola... Eu já era grande para minha idade, mas, quando vi, estava cercada por quatro garotos da sexta e sétima séries, que tinham uns 12 anos.

Eu era grande, porque cresci rápido. As coisas aconteceram muito rápido. Quando vi, os quatro me cercaram e queriam arrancar minha roupa. Eu sabia que já tinha acontecido algo parecido com uma amiga, a T. Piolhenta, que, de tanto piolho, minha mãe pedia para eu ficar longe dela. Ela já havia me contado o que os meninos tinham feito a ela!

E eu não queria aquilo pra mim. Não sei de onde veio a força, talvez do meu duplo Áries no mapa natal, misturado com o desejo de dar uma lição a quem tinha machucado a minha amiga, mas fechei os punhos, levantei as pernas e bati nos quatro até ficarem no chão. Minha raiva era tão grande — talvez porque eu estivesse também descontando o que tinham feito com minha amiga —, que bati a cabeça de um deles em uma pedra. O nariz ficou quebrado, e era tanto sangue que tive medo de o menino morrer.

Com aquele duplo Áries se revelando pela primeira vez, a raiva só aumentava. Subi no menino caído e dava porrada sem parar. Voltei toda suada, com a calça rasgada no joelho, mas com a bola na mão! E meus colegas comemoraram aliviados, gritaram de felicidade por aquela conquista que estava presa no coração de todos os "pequenos".

No dia seguinte, os quatro meninos não contaram nada pra ninguém. Tinham vergonha de falar que tinham apanhado de uma menina da terceira série. Mas eu sabia me defender. Era filha da Dona Lurdes, mulher que andava com espingarda nas costas para defender os filhos e do Seu Getúlio, que sabia domar animais de grande porte. Tinha que honrar a força da minha família.

A vida real não era mole, não! Aquela zona rural que fazia parte do meu lúdico já não existia mais e estava começando a se tornar um bairro de periferia cercado por bandidos. Isso me trouxe um misto de sentimentos: de seguir um bom caminho fazendo a coisa certa e também de sair daquele lugar tóxico, com tantas pessoas problemáticas e violentas, principalmente na minha escola.

Dessa escola, fui direto para o ensino médio, fazer administração numa escola técnica. E a responsabilidade veio toda de uma vez. Meu pai, desempregado, pediu que eu ajudasse com as contas da casa. Ver aquele homem tão forte num estado frágil pela primeira vez foi desolador. Não hesitei, e comecei a trabalhar num escritório contábil.

Foi um ano de desafios...

Meu pai, desempregado. Minha mãe, sempre entristecida, ainda sem superar a morte do meu irmão. E eu, me sentindo inadequada naquele tipo de escola, com colegas que estudavam à noite e substituíam as aulas pelo bar.

Como eu tinha um pouco mais de maturidade, ficava dentro da sala. Precisava estudar. Só que perdia colegas que saíam de moto com os meninos para fazer as coisas sem pensar. E, no meio disso tudo, experimentavam drogas pesadas.

Eu me afastava. Não queria entrar naquela onda, mesmo que perder amizades, porque os valores eram incompatíveis, fosse muito doloroso naquela idade. Me sentia muito sozinha, tanto em casa quanto na escola e no trabalho.

Às vezes, quando eu chegava em casa, o Kojac vinha me receber. Eu me debruçava sobre ele e chorava escondido. Dos três cães da infância, ele era o único que ainda continuava conosco. Cauby e Ringo já tinham falecido. Os cães pareciam me entender — e eu não queria levar mais um sofrimento para meus pais.

Só que um dia fui para casa e, quando ia pegar o ônibus para a aula, soube que minha mãe tinha chamado ele, que ficava debaixo do fogão a lenha, e ele não respondeu.

O Kojac tinha partido.

Meu coração partiu junto. A sensação que tive quando ele se foi era de que, definitivamente, a infância tinha acabado e que a partir daquele momento a vida ficaria cada vez mais difícil. Era o que faltava para eu desabar. Mesmo sempre me mantendo forte, tinha horas que eu precisava de refúgio. E naquele dia não dei conta. Parecia que o Kojac tinha segurado as pontas mais do que todos nós juntos. Parecia que ele tinha sustentado por tanto tempo a energia da casa que tinha enfraquecido.

Fui até o ponto de ônibus e fiquei pensando no quão devastadora podia ser a vida real, mas não queria ter essa visão de mundo. Eu sabia, em meu íntimo, que nem tudo precisava ser tão difícil e doloroso. Apesar das pessoas, apesar das perdas, apesar dos pesares.

A força que me sustentava não era visível a olho nu, mas nitidamente me protegia e me guiava para uma vida diferente!

A FORÇA DE UM MINGAU

Por Patrícia Cândido

Ilustração: *Iasmin Hennemann*

O Mingau chegou assim, todo branquinho, só com a orelha e o olho amarelo. Era a forma que meus pais tinham de fazer com que eu voltasse a sorrir.

E efetivamente conseguiram.

Eu tinha paixão por aquele cachorro. Cuidava dele como se fosse um filho. Escovava seus pelos, fazia de tudo. Até que um dia, seis ou sete meses depois, veio a notícia: o Mingau tinha sumido.

— Mas como um cachorro some assim, de repente? Fugir ele não ia! — porque o terreno era cercado.

Minhas indagações a respeito daquele sumiço eram várias, e a vizinhança estava me ajudando a encontrá-lo. Mas quem trouxe a solução foi a Valéria, uma das filhas de uma família muito pobre que vivia ali na região.

Ela bateu lá em casa e disse que tinha visto o Mingau.

— Patrícia do céu, ele tá todo amarrado na casa daquela mulher que se mudou há pouco. Bem que ela parecia suspeita!

Não tive dúvidas. Saí dali com a força de um dragão direto pra casa da tal mulher. E lá estava ele, amarrado com uma meia calça, magrinho e cheio de pulgas pulando pra tudo quanto era lado.

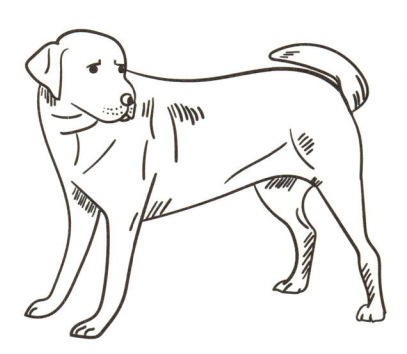

Eu estava determinada: invadi o terreno da mulher, atravessei a casa inteira e fui até o quintal, onde ela me encarou sem entender nada, e arranquei o Mingau dali. Ele latia e abanava o rabo, feliz em me ver.

Percebi que há situações em que precisamos tomar uma decisão e agir rápido, pois somos os únicos instrumentos capazes de fazer alguma coisa. Acho que aprendi isso desde cedo.

Mesmo assim, saí dali triste, com o coração doendo e sem dizer uma palavra. Como ele tinha ficado três semanas abandonado naquele lugar imundo, a imunidade dele baixou, ele pegou uma virose e morreu no dia do Natal. Até hoje sinto falta dele.

E fico pensando como teria sido se ele não tivesse tido uma passagem tão breve pelas nossas vidas...

VINGANÇA É UM PRATO QUE SE COME FRIO

Por Ganso Zagalo

Ilustração: Jasmin Hennemann

Conviver com gente é um negócio difícil, mas ficou ainda pior quando ela se foi.

Pra começar, vou me apresentar. Meu nome é Zagalo. Ou melhor, me deram esse nome por causa de um cara que falava: "Vocês vão ter que me engolir". Dizem que ele era um homem genioso, explosivo. E nem sei por qual motivo o nome veio caber em mim. Acho que porque o som que eu emitia quando estava bravo lembrava esse nome: Zagalo.

Mas a verdade é que eu atendia por ele e estava tudo bem. Pelo menos até aquele dia.

Eu tinha a minha gansa, que era o amor da minha vida. E já tinha até escutado aquele povo esquisito dizer que éramos animais "monogâmicos", sem nem saber direito o que aquilo queria dizer e, pra ser sincero, pouco importava.

O que importava era que eu e ela vivíamos juntos a maior parte do tempo. E a nossa história era de verdade.

Até que um dia ela apareceu. Era uma cadela brava, grande, daquelas que mostram os dentes e acham que intimidam todo mundo. Eu ficava no meu canto, com a Dona Gansa, vivendo nossa vidinha de sempre.

Só que ela se incomodava com a gente. Por algum motivo, ficava brava quando via que estávamos em paz. E naquela noite veio traiçoeira e brigou com meu amor. Eu não consegui fazer nada. Só vi a poça de sangue.

A cachorra tinha acabado com a vida dela.

A partir disso, fiquei raivoso. Raivoso e triste. Não conseguia mais ter paz, não queria ninguém por perto. A Patrícia, que era uma menina boa, coitada, vinha tentar se aproximar, entender o que acontecia comigo, mas eu não queria papo. Sabia que todos eles preferiam os bichos de quatro patas.

Então, o que eu fazia? Bicava a bunda dela. A dela e a de quem aparecesse.

Minha raiva e meu descontentamento foram crescendo a cada dia.

A cena do pescoço da minha amada entre os dentes daquela cadela vinha na minha cabeça e meu coração disparava. Se parecia cena comum para aquela gente que andava, pra mim era motivo de vingança.

Comecei a odiar cachorros. Principalmente ela. Aquela que tinha feito aquilo com minha doce companheira, que nunca fez mal a ninguém.

O tempo foi passando e não me esqueci de nada. Eles até tentavam colocar outras companheiras para mim, mas não aceitei nenhuma. Vivia correndo, de asa aberta, pra afugentar quem chegasse perto.

E a vida é justa.

Tão justa que, anos depois, chegou um dia em que a mesma cachorra, já velha, entrou no galinheiro à noite e achou que sairia impune.

Fui devagar e comecei a bicá-la. Primeiro com raiva, depois já não conseguia parar, me lembrando do quanto tinha sofrido com a ausência da minha amada. Aquela cachorra era a responsável por minha solidão.

No dia seguinte, eles acordaram e viram a cachorra morta. Ninguém deu um piu. Sabiam que aquilo era um velho acerto de contas e que eu só tinha vingado a morte da minha única companheira.

P.S.: talvez você tenha me achado metido por entrar em um livro que fala sobre guardiões de quatro patas. Porém, eu não poderia deixar de vir aqui contar minha história, pra lembrar que todos nós temos sentimentos e memória, e que somos capazes de mover montanhas por amor.

O GUARDIÃO

Por Lagarto Leopoldo

Ilustração: Iasmin Hennemann

Ela tinha uns 19 ou 20 anos quando nos vimos pela primeira vez.

Parecia carregar um peso grande nas costas e, sempre que eu a via de longe, parecia uma moça que tinha muita responsabilidade para tão pouca idade. E, naquele prédio em especial, sempre que ela chegava, parecia estar com medo.

No início, eu não sabia ao certo o que a trazia ali, mas como estava sempre escondido entre as plantas, ouvia muita coisa. E entendi que ela ia para uma tal de reunião de diretoria. Aquilo parecia desgastar demais a energia dela, porque ela entrava de um jeito e saía de outro. Pobre menina.

Aquele lugar tinha muito bicho e muito mato. Além de mim, havia cobras, capivaras... — e uma das cobras sempre dava um jeito de entrar naquele lugar gelado e se esconder no banheiro. Ela me contava que gostava de se entrelaçar nas pernas das moças que iam no banheiro. Só que isso causava uma confusão danada e eu sabia que ela estava aprontando quando ouvia a gritaria lá de dentro.

Cobras são seres que dão medo. E as mulheres tinham pavor delas.

Mas aquela moça em especial parecia não ter medo nem de abelhas, nem de cobras ou aranhas. Porque a própria cobra me contou que um dia tinha se aproximado dela e ela não havia feito absolutamente nada. Não gritou nem se movimentou com rapidez.

Então eu via que para ela eu podia aparecer que ela não ficaria assustada, porque, confesso, muita gente tinha medo de mim. Minha aparência de lagarto não causava tanta alegria em quem me via de longe — e alguns me chamavam de jacaré, mesmo eu não sendo. Talvez porque eu tenha crescido demais.

Aí eu a via vindo de longe. Sentia o cheiro, a energia. Sabia que ela era diferente das pessoas que costumavam frequentar aquele lugar. E um dia decidi recebê-la. Saí do meu esconderijo e fui até a porta do seu carro.

Ela abriu a porta do carro e um sorriso. Nunca tinha visto alguém que não fosse criança ficar tão feliz com a minha presença.

Se abaixou e me olhou — parecia que sabia se comunicar com bichos. E me deu um nome: Leopoldo.

Dali em diante eu sabia que éramos amigos. Eu tinha até um nome.

E então, toda vez que sentia que ela estava chegando, eu dava um jeito de me aproximar do carro para recebê-la. Era um jeito de mostrar que o mundo não era tão frio e hostil quanto ela pensava. Porque ali dentro acontecia muita coisa estranha — de gente que não era bicho, mas parecia querer comer gente.

Só que ela tinha alma de criança. Brilhava. Mesmo quando estava com medo, eu sentia que ela tinha uma alegria de estar lá. E a minha intenção era sempre a mesma — recebê-la antes de qualquer pessoa e arrancar nem que fosse um simples sorriso. Fazê-la se sentir melhor, dar confiança, olhar para aqueles olhos brilhantes e mostrar que ela tinha infinita coragem dentro de si e que a pouca idade não a impediria de enfrentar aquele monte de desafios naquele lugar. Ela tinha a força. Eu tentava despertar isso nela antes de ela entrar.

E aquilo parecia funcionar, porque, além de achar esquisito o fato de eu recepcionar apenas ela e não fazer isso com nenhum outro tipo de gente (eu tinha ouvido ela contar para uma colega, que havia perguntado pra todo mundo lá dentro se o lagarto também fazia isso com eles), ela se sentia especial e gostava do nosso contato.

Até que um dia nasceram meus filhotes. Eu queria mostrar pra ela antes de qualquer outra pessoa. E levei um a um até aquele carro. Eu sabia que era ela sempre, porque ouvia aquele coração batendo, sentia aquela energia se aproximando, e uma vibração diferente.

Ela olhou para os meus filhotes com tamanha alegria que parecia que a nossa amizade valia muito para ela. Ficou comovida com o gesto.

Eu gostava muito daquela moça. E ela gostava de mim. Eu era seu Leopoldo. Ela nem sabia, mas meu papel ali era ser seu guardião. E ali, nunca, nada de mal aconteceu a ela. Não digo que graças a mim, mas eu sabia que por algum motivo ela sentia que tinha alguém com quem poderia contar quando chegava ali. Juntos, éramos mais fortes.

Ah, aquela menina. Se soubesse do tamanho de sua alma gigante, não teria tanto medo, mesmo com a pouca idade, ao entrar ali. Aliás, era o que eu sempre me perguntava: o que uma pessoa como ela estava fazendo ali? Era como um animal fora do seu habitat natural.

Ali não era o seu lugar. Mas quando será que ela ia perceber isso?

O ÚLTIMO DIA

Por Patrícia Cândido

Naquela manhã, ao chegar na empresa, o Leopoldo veio me receber de um jeito diferente. Eu sentia os animais. E parecia que ele estava ali para dizer alguma coisa.

Embora não pudesse falar, ele dizia algo com o olhar. E o que ele tentava me dizer eu não conseguia interpretar, mas me senti acolhida. Era como saber que acontecesse o que acontecesse, ele estaria ali.

Entrei na minha sala e me dirigi a uma reunião importante com a diretoria. Era uma das reuniões em que as maiores decisões eram tomadas. Eu estava totalmente presente, ouvindo o que cada um tinha a dizer, quando a secretária do presidente entrou na sala e interrompeu a reunião.

Aquilo não era comum.

Todos sabiam que ninguém interrompia essa reunião. Apenas em casos urgentes. E imaginamos que ela se dirigiria ao presidente da empresa para falar.

Não foi o que aconteceu.

Ela virou-se para mim e olhou fixamente em meus olhos.

— Patrícia, você pode vir aqui, por favor?

O silêncio imperou na sala e todos voltaram os olhares para mim. Meus pés pareciam afundar no chão e meu coração saltava pela boca.

O que ela queria comigo?

Saí dali a passos lentos. Tudo ao meu redor parecia girar. E assim que saímos daquela sala, ela falou devagar, sobriamente.

— Liga para sua família que seu pai não está bem.

Soube quando falei com a minha mãe que ela tinha ligado para a minha prima antes de me ligar. No desespero, ligou para a prima Patrícia, que tinha nascido na mesma época que eu, filha de sua irmã, que, sem saber o nome que minha mãe daria para mim, deu o mesmo nome a ela.

— O que houve?

Minhas palavras mal saíam da boca. Era como se tudo estivesse acontecendo devagar.

Nervosa, ela mal conseguia falar, mas dizia com as palavras embaralhadas que meu pai tinha saído de lá mal.

Liguei para meus cunhados e veio a confirmação: ele estava morto. Já tinha saído de casa sem vida.

Minha mãe e minhas irmãs perderam o chão, a razão, os sentidos...

E agora precisávamos agilizar a parte burocrática e cuidar dos detalhes práticos.

Tinha sido Dia dos Pais no domingo e aquilo acontecia justo na segunda-feira seguinte. Naquele domingo, enquanto mexia em umas tábuas, meu marido havia perguntado a ele:

— Seu Getúlio, o que vai fazer com essas tábuas?

E ele tinha respondido:

— Vou fazer o meu caixão.

No dia seguinte, ele faleceu. Acho que, de certa forma, ele já sentia o que estava por vir.

Fiquei alguns minutos absolutamente em choque, e depois veio uma serenidade que me deu consolo. Eu já estava, aos poucos, mais conectada à espiritualidade, pois sabia que a existência dele não acabava ali.

No dia seguinte, os funcionários fizeram um pedido especial ao presidente da empresa, sem que eu soubesse: queriam fechar a fábrica por um dia para que todos pudessem comparecer ao sepultamento.

Numa empresa daquele porte, com cerca de mil funcionários, sempre que algum familiar de um colaborador falecia, eu comparecia ao enterro. Mesmo que fosse longe, no interior do interior. Eu ia prestar condolências à família em nome da empresa, como *head* de RH.

Mas eu jamais imaginaria que naquele enterro o inimaginável aconteceria.

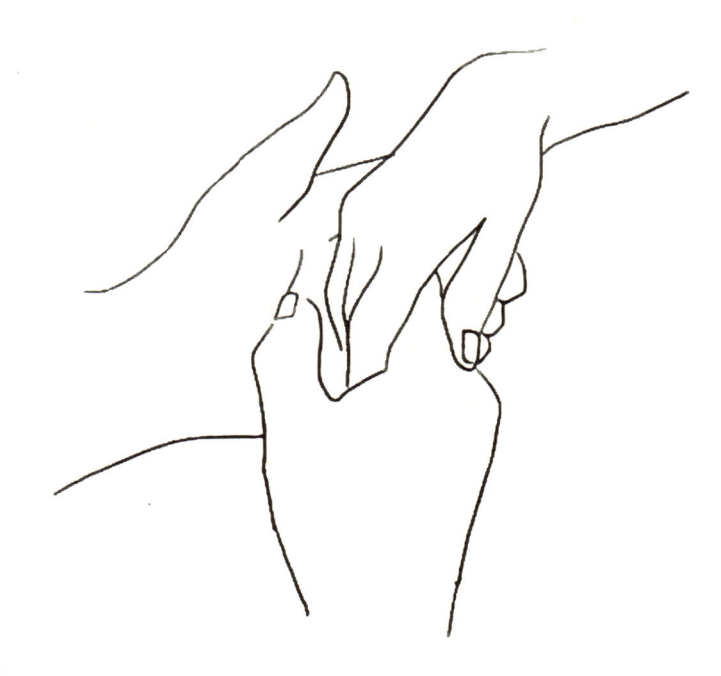

Eu estava ali, velando o corpo do meu pai, quando os ônibus começaram a chegar. Um a um.

O presidente da empresa havia disponibilizado mais de quinze ônibus e centenas de funcionários compareceram ao velório. Conforme iam saindo do ônibus, me abraçavam e transmitiam aquele amor silencioso que fazia o peito se aquecer por dentro.

Comecei a chorar, emocionada com aquele gesto. E o próprio presidente também acompanhava aquela comitiva da empresa.

Aquele momento simbolizou a força da vida, a força das trocas. A força que está presente quando nos dedicamos a algo ou alguém, algo que nos une em todos os momentos das nossas vidas. Até aquele momento, eu ainda não havia chorado, me mantive firme, mas, ao receber aquele ato de amor, meu coração transbordou. Além dos bichos que já possuem o DNA da pureza, quando os humanos se dedicam, também conseguem expressar lindos gestos de amor.

RECURSOS HUMANOS

Por Patrícia Cândido

Sempre achei que nós, humanos, nascemos cheios de recursos, mas, com o passar do tempo, fui percebendo que os animais eram muito mais desenvolvidos que os homens, pois têm capacidade de doação incondicional, generosidade, espírito de equipe entre os seus, tolerância e lealdade infinita.

Eram tantas as qualidades que eu identificava nos bichanos que, quando estava diante de qualquer colaborador da empresa onde eu era *head* da área de RH, ficava perplexa ao ver como as pessoas eram peritas em criar problemas ao invés de solucioná-los.

E era através de mim que esses conflitos eram resolvidos. Como mediadora, apaziguadora ou simplesmente guerreira, eu dava um jeitinho de criar um ambiente saudável na empresa, mesmo que tudo estivesse incendiando. Se existia um alarme de incêndio, ele estava em minha casa. E se existia um extintor, ele tinha nome e sobrenome: Patrícia Cândido.

Tudo quanto era problema vinha até mim. Desde ligações do presidente que estava viajando e esquecia o fuso horário, me pedindo para resolver questões complexas de madrugada, até os grandes conflitos com os sindicatos.

No meio disso tudo, tentando dar conta de centenas de colaboradores, recebi a notícia.

Meu pai havia morrido. Era 2003, ele estava na cozinha e, após pedir uma xícara de chá para minha mãe, teve uma parada cardíaca e caiu no sofá da cozinha. Se já era difícil digerir a minha realidade profissional, quando caiu essa bomba na minha cabeça, percebi que era coisa demais para um ser humano suportar.

Será que eu tinha os recursos disponíveis?

A verdade é que, apesar de achar que tinha, eu somatizava muitos problemas que apareciam fisicamente para alertar que as coisas não andavam bem. Um deles era uma doença de pele que me fazia tomar algumas medicações fortes. A pele é o órgão que nos separa do mundo, que caracteriza a nossa individualidade e limites, e até onde os outros podem ir. Eu não sabia dar limites para as demandas externas. Minha pele escancarava isso.

Eu estava perdida.

Apesar disso, tinha o apoio do meu marido, o Paulo Henrique. Tinha conhecido ele ainda adolescente, logo depois de levar um fora de um namorado que não apareceu num encontro marcado. Perplexa e surpresa com o descaso, fui para a casa de uma amiga e, como nada é por acaso, ele estava lá. Não o namoradinho, mas o Paulo Henrique, com quem cruzei os olhos e tive uma conexão imediata.

Segundo ele, assim que me viu sentiu alguma coisa. E pediu meu telefone para nossa amiga em comum. Nosso primeiro encontro aconteceu na feira do Livro em Porto Alegre. Ambos éramos amantes da leitura e aquela paixão nos aproximou logo de cara.

Alguns anos depois, estávamos casados e, um tempo depois, nos tornaríamos sócios de uma editora. Eu sempre digo que aquele primeiro encontro na Feira do Livro foi um prenúncio...

Só que estar casado com uma mulher que, além de problemas de pele, sofria com uma rinite insuportável, o fazia sofrer muito à noite, porque ele não conseguia dormir. E foi através dele que tive o primeiro contato com os florais.

Eu amava o trabalho, mas era muito jovem e ocupava um cargo de alta posição, e muitas vezes não sabia o que fazer. Apesar disso, eu via tudo como uma grande oportunidade, pois, como tinha um trabalho de que gostava, decidia ver as coisas pelo lado bom, mesmo trabalhando mais do que podia e tendo uma carga de trabalho muito maior do que deveria.

Certo dia, me vendo numa crise aguda de rinite, o Paulo Henrique insistiu: — Se eu trouxer alguns florais, você toma?

Eu achava aquilo tão improvável de dar certo que nem discuti, mas pensei: "Imagina que a indústria farmacêutica investe bilhões em pesquisas e essa água de bicho grilo vai fazer alguma coisa por mim". Mas o Paulo Henrique queria dormir, e eu passava a noite espirrando. Então ele foi atrás de florais.

Eu estava num estado tão perturbado que disse: — Eu vou tomar.

Dali em diante, começou a dar um *tilt* nas minhas crenças pessoais. Tomei apenas um frasco e dali em diante nunca mais precisei de remédio em minha vida.

Cética, não acreditava em nada que não tivesse uma explicação bem científica — era difícil eu me convencer de algo.

Só que contra fatos não há argumentos. A rinite e a doença de pele tinham ido embora e eu só ficava pensando em como aquilo podia ter acontecido.

Na mesma época, houve um incidente grave na empresa — descobrimos um desvio de dinheiro e, para piorar a situação, quem tinha feito isso era uma amiga minha cujo filho eu tinha batizado. A minha revolta interna era tanta por conta daquela traição, que fiz o que o Paulo Henrique me aconselhou: — Por que você não vai conversar com o Bruno?

O Bruno Gimenes trabalhava com ele e havíamos começado uma amizade recentemente. Decidi ir até lá, mesmo sem acreditar em todas aquelas coisas que ele fazia e eu não via muito sentido.

Então, cheguei lá e, sem que eu dissesse palavra alguma, ele verificou algumas ervas com a radiestesia e selecionou o "chá verde" para mim.

Ele disse: — Chá verde ajuda a cortar laços sem dor. Existe algum laço que você precisa cortar com alguém?

Fiquei perplexa. Fiz um sinal afirmativo com a cabeça e só então compreendi meu papel e consegui reunir forças para demitir minha amiga da empresa, fazendo o que era justo, o que precisava ser feito.

No entanto, a minha vida não estava do jeito que eu queria. Nem de longe era o que eu sonhava para mim. O estresse diário era tanto que eu não conseguia entender o que fazer. E num daqueles clamores que a gente faz quando está perdida, pedi a Deus:

— Meu Deus, quero fazer algo maior nessa Terra.

Era uma época em que eu tinha acabado de começar um curso de Reiki e peguei a agenda onde anotava minhas coisas pessoais. Ali, escrevi um pedido: queria encerrar meu ciclo na área de RH e ajudar as pessoas como terapeuta holística.

Na mesma época, eu já estava flertando com as essências fitoenergéticas, pois aquele chá verde havia me ajudado de uma maneira que nunca imaginei. Logo eu, a cética dos florais, tinha me tornado a maior consumidora de todos aqueles produtos que pareciam literalmente fazer milagre.

O dono da empresa onde eu trabalhava era chinês, então pedi a ele para colocar umas essências nos bebedouros de água mineral, principalmente para acalmar os ânimos nos dias que antecediam os jogos de futebol dos colaboradores, que organizavam times internos. A ideia era evitar tanta confusão e discussão no futebol, cujos times adversários eram de áreas diferentes que geralmente entravam com tudo em campo.

A briga costumava ser tão crítica que muitos nem conseguiam ir trabalhar no dia seguinte, com os tornozelos, joelhos e pés machucados.

Então, as essências começaram a fazer efeito. E ninguém imaginava que estava sendo cobaia de um teste, uma catalogação que começava a ser feita ali. As pessoas simplesmente pararam de brigar e, sem conflitos, os times adversários se tornaram amigos, e começaram até a fazer encontros de confraternização.

Quando tudo foi pacificado, veio mais um período de tormenta: a empresa foi a leilão, e o presidente me avisou que eu seria desligada.

Saí dali assustada, mas resignada e, enquanto caminhava pela rua, minha agenda caiu no chão e abriu justamente naquela página que dizia que eu queria fazer algo maior pelo planeta e trabalhar com terapia holística.

Já fazia alguns atendimentos informais na empresa, e sabia que aquele poderia ser meu futuro. Então por que eu estava triste?

Talvez porque eu sentiria muita falta do meu amigo Leopoldo...

Justamente naquele momento, o Bruno Gimenes estava se mudando e tinha um espaço holístico vago para que eu atendesse. Um consultório montado. Decidi que atenderia naquele local e mudaria minha vida a partir de então.

Só que, de centenas de pessoas que eu atendia e com que interagia no RH, passei a atender de duas a três pessoas por semana. E aquele espaço vazio começou a me incomodar, porque desde muito cedo eu trabalhava com muita gente. Eu não sabia como preencher esse vazio até o dia que meu cunhado trouxe a notícia.

— Minha labradora vai dar cria.

Olhei para ele com os olhos de uma criança. Sempre quis ter um labrador. Sonhava com um labrador amarelo. Ele ficou entusiasmado. Logo que a ninhada nascesse separaria o meu.

E assim acompanhei a gestação da cachorra como se fosse minha própria gestação. Só que o tempo foi passando, passando, e nada da notícia da ninhada. Fui até lá e ele me atendeu com uma expressão resignada:

— Patrícia... nem sei como te dizer isso, mas toda a ninhada morreu.

Fiquei impactada com aquela notícia. Voltei para o consultório sem conseguir parar de chorar. Eu sentia que ia viver uma grande história com um labrador. Já conseguia visualizar nossos momentos juntos. Como aquilo não tinha acontecido? Como ela tinha perdido toda a ninhada?

Tentei me recompor antes de um atendimento, mas era incapaz de segurar as lágrimas quando o Leonardo entrou. Era um consultante especial por quem eu tinha um carinho muito grande. Não consegui esconder: eu estava triste. Vivendo um luto.

— Eu queria um labrador amarelo e morreram todos — contei a ele aos prantos.

Ele me olhou com espanto:

— Patrícia, que coincidência!

Fiquei esperando que ele continuasse a frase, mas tudo que ele fez foi sacar o celular do bolso e abrir uma foto.

— Olha só, meu amigo tem um *pet shop* e acabou de me mandar uma foto de um labrador amarelo, perguntando se havia alguém interessado.

Olhei para a foto e meu coração quase saltou do peito.

— Liga para o seu amigo agora. Esse cachorro é meu.

UM GUERREIRO PROTETOR

Por Thor

Ilustração: Iasmin Hennemann

Minha mãe não era das mais fáceis de se encarar. Era grande, com os pelos pretos, não deixava ninguém chegar perto da gente. Meu pai, que trabalhava como cachorro dos bombeiros, era motivo de orgulho pra nós.

Eu me sentia seguro ao lado dos meus irmãos e da minha mãe, mas certo dia percebi uma movimentação estranha. Minha mãe não nos alimentava mais como antes e víamos um vaivém por ali. Entendi que algo novo ia acontecer.

Até que um dia senti um cheiro diferente e percebi que minha mãe havia saído para receber alguém. Ela não era de fazer aquilo, mas eu me virei pra ver quem era. Quando eu a vi, não soube explicar. Meu coração saltou pela boca e, num impulso, corri até ela.

Era como se eu conhecesse aquele cheiro. De outros tempos. Era como se ela estivesse ali me esperando e eu só tivesse nascido para estar ao lado dela. Senti seu gosto depois de algumas lambidas. Ela se ajoelhou e algumas lágrimas caíram pelo rosto.

Até aquele momento, eu acreditava que minha vida seria com os meus, mas aquela humana não parecia nem humana. Era como se fôssemos dois pedaços que se preenchiam.

O abraço foi longo, nem precisei me despedir dos meus. Eles sabiam que aquela seria minha família de verdade. E saí dali numa felicidade difícil de colocar em palavras. Tudo era novo. Fomos pra casa de um amigo deles e eles me explicavam tudo, falando comigo como se eu fosse um deles. Até que recebi um apelido:

— Meu Ganeshinha.

Meu nome era Thor. Era assim que eu atendia aos chamados, mas ela explicou que meus olhos eram grandes como os de Ganesha. Eu não conhecia o tal de Ganesha, mas sabia que devia ser um cara bonito.

Quando chegamos na casa do tal do Bruno, amigo deles, vi que tínhamos algo em comum. Uma saliência no topo da cabeça que minha mãe sempre acariciava com lambidas, mas que ele notou com as mãos. E parece que todos se divertiram com aquilo.

Aquele dia foi o primeiro de muitos que passaríamos juntos.

Ela era faladeira e a mais interessante das humanas que eu já tinha conhecido. Tinha um coração quente. E eu sentia isso só de chegar perto, mas aquele coração era frágil e delicado enquanto se mostrava forte e corajoso. Uma mistura rara de se ver.

Por isso, quando chegavam pessoas no lugar onde ela os ouvia, eu já via que energias entravam e saíam do coração dela, tentando ajudar todo mundo, e percebi que eu podia ser útil. Ela não precisava levar tanta carga pra casa.

Comecei a ficar aos pés dela quando as pessoas entravam para ser atendidas. Ninguém percebia, mas eu estava blindando aquela mulher para que ela não sofresse qualquer impacto negativo.

O amor que sentíamos um pelo outro era maior do que qualquer pessoa poderia supor. Eu e ela nos entendíamos pelo olhar. E não nos cansávamos da presença um do outro. Éramos praticamente grudados. Manhã, tarde e noite estávamos juntos.

Até que um dia ela foi viajar e senti aquela ausência como nunca. Era um buraco no peito. Um desânimo. Nem vontade de comer eu tinha.

Nem lembro quantos dias se passaram, mas, quando ela voltou, eu já estava sem vontade de viver. A vida sem ela não tinha a menor graça.

Ela disse o nome de uma doença. E já que eu ia morrer mesmo, tratei de não dar trabalho a ninguém: tinha um matagal atrás de casa e foi lá que me enfiei. Não queria dar trabalho. Só descansar. Em paz.

Ouvi um barulho. Era ela. Entrou no matagal e me pegou no colo, olhou nos meus olhos e disse: — Você vai ficar bem.

Nem sei quanto tempo levei uivando dentro daquele carro, mas chegamos num lugar todo branco e fiquei numa jaulinha. Ela levou meus brinquedos, deitou-se na jaulinha comigo e eu sentia aquele coração bater perto do meu como se fôssemos um só. Ela me dava força.

Naqueles dias, só me lembro da correria atrás de uma injeção que só senti chegar no dia seguinte, quando uma dor insuportável me atingiu em cheio.

Aquele episódio me mostrava o quanto estávamos unidos e juntos. Na saúde e na tristeza. A força do nosso amor me trouxe de volta à vida. Fui me recuperando, voltando à vida e tudo deu muito certo... eu estava curado e feliz novamente.

Até que um dia ela disse que queria uma casa nova e eu nem vi o tempo passar. De repente, estávamos dentro do carro. Mas ali tinha uma outra da minha raça, logo no banco da frente, enquanto ela fazia cara de quem queria aprontar uma surpresa.

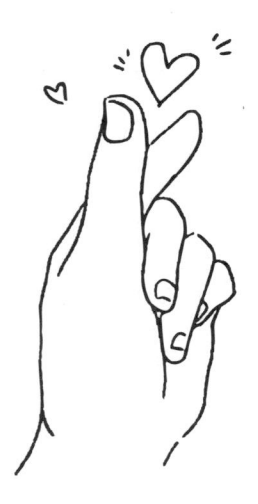

Senti o cheiro. Senti que era uma nova amizade. Senti que ela entendia que às vezes eu precisava de outro tipo de companhia. **E o nome dela era Tati.**

Era bem menor que eu, e logo que nos vimos, nos apaixonamos. Sabíamos que seríamos grandes amigos.

Só que, conforme o tempo foi passando, as coisas começaram a complicar para mim...

ALMAS GÊMEAS

Por Patrícia Cândido

Ilustrações: Jasmin Hennemann

Olhos nos olhos. Aquela sensação de reconhecimento imediato. De repente, era como se aquele vazio não existisse mais. Um buraco no peito que tinha sido preenchido em apenas dois segundos. Dois segundos foi o tempo que levou para que ele saísse de sua posição naquele pet shop desconhecido e corresse em minha direção, como se estivesse me esperando, como se estivéssemos nos reencontrando depois de uma longa viagem.

Era a primeira vez que nos víamos, mas a impressão era de que estávamos finalmente frente a frente depois de um longo período de separação.

Eu me ajoelhei. Não sei se por reverência àquele cachorro com nome de um deus, Thor, ou se eu estava simplesmente aceitando que ele se aconchegasse no meu corpo e sentisse meu cheiro.

Um reencontro de almas é algo que não se vive todos os dias. É diferente de estar feliz. É como se sentir completo. Como se a vida não pudesse ter existido sem aquela presença ao seu lado. Como se aquele momento fosse determinante para um "antes e depois" em sua vida.

Era essa a sensação que eu tinha enquanto ele me lambia abanando o rabo e demonstrando sua felicidade. Eu tinha certeza de que era ele. E sentia que não estava mais sozinha no mundo. Parecia que os anjos tinham enviado um ser celestial para me proteger.

Seus pelos dourados ficavam ainda mais brilhantes com a luz do sol. Ele era o próprio sol.

A partir de então, minha vida orbitaria em torno dele.

Dali, fomos direto para a casa do Bruno, onde os dois pareciam se conhecer de outros tempos. O Thor tinha um olhar profundo e seus olhos pareciam os de um elefante — expressavam sabedoria, como se comunicassem algo.

Por isso, comecei a chamá-lo de Ganesha. Meu Ganeshinha.

Ele sabia que seu nome era Thor, mas também respondia aos meus afagos quando eu o chamava de Ganeshinha. E nossa comunicação começava pelo olhar. Era daquele olhar que eu pressentia que sairiam muitas intuições para mim. Era daquele olhar que eu me alimentaria. Era a partir daquele olhar que eu veria o mundo com mais clareza e humanidade.

Aquele era o olhar do Thor.

Nos tornamos inseparáveis desde então. Ele ia comigo ao consultório e, curiosamente, as pessoas pediam que ele ficasse comigo durante as sessões. Quando ele estava ali, sentia que algo mágico acontecia, embora ainda não conseguisse entender ao certo o que era.

Eu me sentia protegida, mas, além de tudo, percebia que ele também parecia fazer parte daqueles atendimentos, como se entendesse algo que eu nem sabia que estava acontecendo.

Era algo inexplicável e milagroso.

Até que um dia fui viajar e o deixei com a minha mãe. Não demorei muito para voltar, mas, quando cheguei, o estado dele era lastimável. Sua imunidade tinha baixado e ele tinha pego uma doença chamada parvovirose.

Voltamos para casa e ele se enfiou no mato. Estava tão mal que procurava um lugar para morrer, mas eu não podia deixar aquilo acontecer. Fui atrás dele. Entrei naquele matagal alto, gritando pelo seu nome com o coração pulsando. Medo de perdê-lo.

Quando o encontrei, parecia que o sol voltava a brilhar. Mesmo cheio de fezes, agarrei ele e enfiei no carro. Corremos para uma clínica veterinária e fomos para Canoas, onde a Dra. Quênia Grangeiro nos atendeu com as palavras mágicas:

— Patrícia, eu vou salvar ele.

As palavras dela me acalmaram, e senti uma confiança inabalável de que ele ficaria bem.

Voltei para casa para buscar os bichinhos de pelúcia dele e, à noite, me deitei com ele naquela pequena jaula, encolhida como uma criança. Coração com coração. Ele sabia que eu estaria com ele na saúde e na doença.

Apesar do carrapato que entrou na minha canela, apesar de ficar encolhida e cheia de dor, aquela noite me fez ter a certeza de que ele viveria.

Na manhã seguinte, mesmo com o prognóstico da médica, que dizia que só uma injeção quimioterápica poderia salvá-lo, entendi que faria o possível para conseguir arcar com aquele custo enorme. Pedi um empréstimo, mandei buscar a tal injeção que veio por avião de outro estado, e um dia depois ele estava com aquela esperança estampada nos olhos.

Apesar disso, ainda tinha o tempo de reação. Embora ninguém me aguentasse mais naquela clínica, eu percebia que a cada minuto ele começava a reagir. Conforme foi melhorando, começou a receber visitas.

Meus pacientes e amigos foram todos ver o Thor. As veterinárias da clínica ficaram perplexas com aquilo. "Tem gente que morre e não recebe tanta visita. Esse cão deve ser mesmo muito especial."

Ele era, de fato, especial.

E quando voltou para casa, minha vida ficou mais colorida.

De repente, estava tudo bem. Era um daqueles momentos da vida em que tudo parecia melhorar. O Paulo Henrique vivia uma boa fase no trabalho e ganhava bem, eu tinha acabado de fazer mestrado em Reiki e, certa noite, ao dormir, tive um sonho: estávamos numa casa em Nova Petrópolis.

Acordei o Paulo Henrique entusiasmada. Eu tinha sonhado com a nossa casa e dizia que tínhamos que nos mudar para lá. Como uma criança que aceita um passeio divertido, ele disse que sim, e que iríamos procurar a tal casa dos sonhos. Esse é o Paulo Henrique — um parceiro que topa todas as minhas loucuras.

No mesmo dia, estávamos lá, depois de horas de viagem, diante da casa dos sonhos. Era a primeira que visitávamos e exatamente do jeito que eu tinha sonhado!

Apesar de o aluguel ser acima das nossas possibilidades, renegociamos o valor e em quinze dias a mudança estava programada.

Nesse mesmo período, uma grande mudança acontecia: tínhamos um colega cujo casal de labradores — o Neo e a Trinity — tinha dado cria. E decidimos adotar a filha deles com o intuito de dar uma nova companhia para o Thor.

Foi assim que a Tati entrou em nossas vidas, e o Thor a conheceu justo no dia da mudança. Ela na frente, dentro de uma caixa de transporte. Ele atrás, sentindo seu cheiro, ansioso para conhecê-la. E, diante de nós, naquela estrada, o caminhão de mudança. Era uma mudança e tanto.

Quando chegamos na casa, a alegria de todos ajudou aquele momento se tornar ainda mais especial. A Tati e o Thor pareciam se entender e, por mais incrível que pudesse parecer, ele não tinha ciúmes dela. Justo ele, que não me deixava pegar nem criança no colo.

Naquela casa, o Thor parecia mais feliz. De repente, ele começava a cavar, buscando encontrar coisas enterradas no pátio, e sempre encontrava algo. Não era à toa que era filho de um cão que trabalhava com bombeiros. Tinha nascido com aquele faro especial.

Certa tarde, um jardineiro chegou para dar um jeito no jardim e pendurou seu salame numa altura alta o suficiente para que os cachorros não alcançassem. Se o Paulo Henrique não tivesse visto, eu não acreditaria. Ou melhor, acreditaria sim, porque, para o Thor, tudo era possível.

Havia duas árvores, e o Thor estava sentado observando as duas, como se fizesse cálculos. De repente, correu, pegou impulso, se jogou em uma das árvores e abocanhou o salame do homem.

Enquanto ele saía correndo, vitorioso, o jardineiro corria atrás dele gritando: "Meu *früchtik*!"[1].

Nesses dias, dávamos risada da ousadia daquele cachorro. Cada episódio era uma novela, mas teve um dia que ele começou a mancar. Achei que era apenas algo muscular. Eu o levei num veterinário experiente, o Dr. Álvaro Abreu, e ele constatou uma displasia. O Thor precisaria fazer uma cirurgia bem complicada.

Devoto de São Francisco de Assis, o protetor dos animais, o Dr. Álvaro estava confiante, embora evidenciasse os contras da cirurgia. Quase não havia prós... até porque há pouco tempo o Thor havia passado por uma parvovirose.

---

[1] "Meu lanche!" Nova Petrópolis tem muitos descendentes de alemães, o que explica o uso do idioma alemão no dia a dia.

"Vou chamar todo meu time", ele dizia, tentando acalmar meu coração. Mas eu não tinha estrutura para passar por aquilo. Se o Thor se fosse, o que seria de mim?

Estava tão desnorteada que fui ao cinema assistir "A Era do Gelo". Tentei me distrair, não pensar nem sofrer antecipadamente. E, embora depois da cirurgia ele tenha acordado bem, a decisão do time de veterinários foi de que ele continuaria na clínica até ficar totalmente bem.

Foi um período longo demais para que eu pudesse suportar a saudade, eu só queria ver meu Thor saudável. Depois, quando ele voltou para casa, os cuidados eram redobrados. Eu o carregava no colo para que pudesse fazer suas necessidades e, durante quarenta e cinco dias, tudo ocorreu dessa forma.

Até que ele finalmente voltou a caminhar, mas na cicatriz estourou uma inflamação e algo começou a vazar dali.

Saí voando até a clínica, onde deram uma medicação para ele, mas naquele dia eu precisava ir para Gramado, onde eu ministraria um curso de Reiki. Meu coração estava dividido.

O curso começou, tudo estava indo bem, até eu tomar um susto — o Paulo Henrique apareceu na janela me fazendo um sinal. O que teria acontecido?

As palavras saíram da boca dele como se tudo ficasse nublado e cinzento:

— Tive que levar o Thor pra clínica às pressas, e o Dr. Álvaro diz que o Thor não vai viver. Fizeram o que podiam.

Sem chão, imaginando o sofrimento do Thor, liguei para o doutor.

— Eu autorizo que o senhor o sacrifique. Não quero vê-lo mais sofrer. Esse anjo não merece passar por isso novamente!

O Dr. Álvaro parecia sentir meu sofrimento.

— Posso tentar mais alguma coisa antes disso.

Desligamos, mas eu havia autorizado a eutanásia do Thor, e isso partiu meu coração. Fiquei desolada.

Porém, quando saí do curso, o Thor ainda estava vivo, tinha resistido após a última tentativa.

Num misto de culpa por ter autorizado que ele fosse sacrificado e alegria por saber que ele resistira, fui até a clínica, onde o Dr. Álvaro disse que ele precisava ficar lá por um tempo.

Geralmente não era permitido que os donos fossem até lá, porque os cachorros ficavam extremamente excitados com a possibilidade de ir embora, mas eu sabia que o Thor iria me entender. Fui para conversar com ele.

Olhei em seus olhos e disse:

— Você precisa ficar aqui. Não dá para ir embora. O Dr. Álvaro vai cuidar de você melhor do que eu.

Me levantei e ele ficou parado ao lado do veterinário, que, em vinte anos de profissão, jamais tinha presenciado algo do tipo, pois normalmente os cachorros saem correndo na direção dos donos.

Todos percebiam que havia algo diferente com aquele cachorro.

O Thor não era um simples sobrevivente — ele era um herói.

DE OUTRAS VIDAS

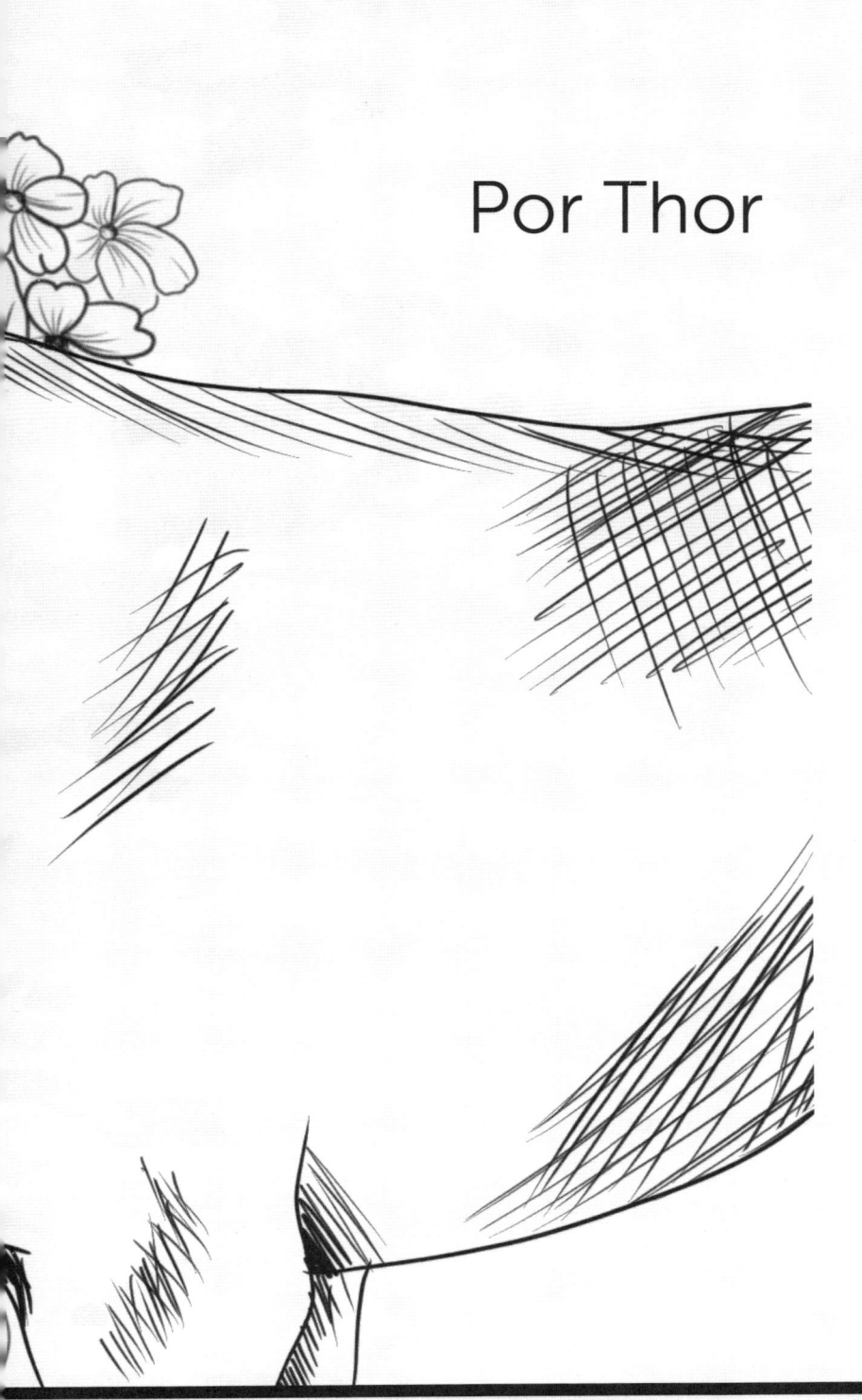

Por Thor

Ilustração: Iasmin Hennemann

Talvez amor seja uma coisa que os humanos possam medir ou expressar por palavras.

Nós, os cães, mostramos o quanto amamos alguém por gestos. São lambidas, ou abanamos o rabo, ou simplesmente nos deitamos ao lado do humano que amamos.

Eu e a Pat sempre tivemos uma relação tão íntima que ela me entendia pelo olhar. Ela dizia que minha pata era grande, mas eu fazia questão de colocar a minha pata sobre o pé dela, para que ela sentisse que eu estava sempre por perto. E eu a conhecia bem, de muitas vidas. Já tinha sido seu cavalo em uma fuga arriscada, quando ela decidiu desafiar a sociedade de sua época. Já tinha sido seu cachorro muitas vezes, então eu conseguia sentir tudo o que ela sentia.

Mesmo quando ela estava rodeada de pessoas, eu sentia que muitas vezes se sentia muito sozinha. E eu tentava de todas as maneiras fechar esse buraco, esse vazio interno que ela nem conseguia explicar como existia ou de onde vinha.

Mas a Pat não chorava. Ela estava aguentando muita coisa fazia bastante tempo, e eu via a determinação dela para que tudo fosse perfeito e desse certo. Nunca mediu esforços para que eu ficasse bem, para que todas as pessoas que amava tivessem bem-estar.

A verdade é que depois que comecei a mancar e fiz uma cirurgia, as coisas ficaram um pouco mais complicadas. Logo que voltei pra casa, teve uma inflamação e eu voltei para a casa do anjo, ou melhor, do Dr. Álvaro, que era um homem que cuidava de cachorros como eu.

Quando ela me deixou lá, eu sabia que confiava nele. E quando ela confiava em alguém, eu podia confiar, essa era minha regra.

Naquele dia, eu estava com muita dor. Imaginei que meu tempo estava acabando e o quanto ela sofreria com a minha ausência. E quando ouvi a conversa entre ela e o médico, eu soube que ela me amava mais do que eu poderia supor.

Ela não queria me ver sofrer e, por mais que fosse sofrer com a minha ausência, ela entendia que, se fosse preciso, podia me deixar partir. Sua generosidade e seu amor por mim eram maiores do que eu poderia supor. Uma pessoa egoísta ia querer manter o cachorro vivo custe o que custasse, mesmo que ele sofresse. Ela preferia o próprio sofrimento ao meu.

Então, autorizou a minha morte.

Mas o doutor quis me ajudar e tentar alguma coisa que ele fez sem que eu percebesse, porque fui anestesiado antes.

A verdade é que voltei mais vivo do que nunca. E respeitava ainda mais aquela mulher.

No dia que ela entrou na clínica, abaixou-se para conversar comigo e disse algumas poucas palavras, porém, suficientes para que eu entendesse que precisava ficar ali com aquele médico por mais alguns dias.

Eu tinha um amor infinito por ela. Sabia que mesmo sofrendo longe de mim, ela queria me ver bem. E isso era uma prova de amor. Das maiores.

Éramos companheiros de outras vidas. Disso, não havia a menor dúvida.

VIDAS CRUZADAS

Por Patrícia Cândido

É devagar que a vida anda quando estamos com pressa. Foi assim que levei os quarenta dias enquanto o Thor se recuperava: tentando ser paciente com cada passo. Cada passo que ele não dava me deixava ainda mais ansiosa. Cada dia que eu cuidava dele me deixava mais pensativa, mas cada avanço que via me deixava mais esperançosa.

Sempre fui muito positiva e, naquele momento, sabia que depois que ele voltou para casa, não teria mais o que temer. Meu grande amigo e companheiro tinha reagido. Ele havia confrontado a morte e decidido viver.

E eu estava convicta de que ainda teríamos muito para viver juntos.

Até que certo dia, depois de tanta dedicação, ele se levantou e caminhou sem a minha ajuda.

A partir dali, fez tudo sozinho durante todo o dia.

Naquela tarde, nos sentimos vitoriosos e finalmente entendi que uma grande etapa havia sido vencida. Virei para o Paulo Henrique e disse a ele:

— Vou desmarcar minhas consultas e passar o final de semana descansando.

Mal sabia que aquela seria uma tremenda necessidade.

Depois daquele final de semana, veio a segunda-feira — e eu tinha umas três pessoas agendadas para consulta. Me arrumei e recebemos um telefonema que mudaria o rumo dos noventa dias seguintes.

O Bruno tinha sofrido um acidente.

Foram alguns segundos de choque enquanto eu entendia o que tinha acontecido com ele. A enfermeira do hospital dizia que ele estava bem, porém o carro havia tido perda total, pois batera de frente com um caminhão. Imediatamente me lembrei do acidente ocorrido com meu irmão e me deu um estalo.

Não podia perder o Bruno, que era como um novo irmão para mim.

Poucos meses antes, ele tinha trocado o carro devido a dificuldades financeiras, ou seja, o carro em que ele estava na hora do acidente não tinha *airbag*. E bater de frente com um caminhão não era qualquer coisa. Eu sabia que um acidente assim tem consequências.

Enquanto assimilava toda aquela informação e tentava digeri-la, ouvindo da mulher do hospital que ele estava bem e seus sinais vitais estavam bons, eu sabia que precisávamos ir até lá.

Graças a Deus, a enfermeira foi sábia e colocou o telefone próximo ao Bruno, e meu coração só se acalmou quando escutei a voz dele.

O caminho foi tenso e imaginamos tudo que viria pela frente.

Na estrada, vimos o carro. E a imagem dele destruído deixava meu coração despedaçado. Como estaria o Bruno?

Cheguei no hospital exausta, com a musculatura cansada, mas cheia de esperanças. A vida sempre era uma surpresa, mas eu imaginava que ela seria generosa comigo depois de tantos sofrimentos. Eu nunca perdia a fé. Era ela que me acompanhava quando as coisas pareciam sair do controle ou quando percebíamos que não tínhamos o controle de absolutamente nada.

Ligamos para a família, para o irmão dele, Gustavo. Fomos entrando nos eixos quando entramos pelo hospital — e logo o vi, com o blusão de lã com o qual tinha sofrido o acidente, e o rosto ainda coberto de sangue.

Como os enfermeiros ainda não tinham tido tempo de tirar aquele sangue, não pensei duas vezes: coloquei luvas, peguei um soro fisiológico que estava em um balcão da emergência e, com uma gaze, comecei a limpar cada ferida de seu rosto.

— Bruno, desculpa, preciso ver como está a sua cara — eu disse.

A estrela de Davi que ele carregava com uma corrente no peito continuava intacta debaixo do colar cervical colocado pelos bombeiros socorristas.

E enquanto chorávamos — de alívio, por poder ver que ele estava bem, começávamos a ter os detalhes da história de sobrevivência. Ele tinha sido tirado das ferragens pelos bombeiros, rezando para que o carro não explodisse enquanto estivesse ali dentro.

Ficou inconsciente em certo momento, até que voltou para o corpo.

Fui tomar todas as providências imediatas. Ligar para a secretária do Bruno, que também era enfermeira, e dizer que precisávamos da ajuda dela, era a primeira coisa a ser feita. Depois avisamos os consultantes que não atenderíamos por um breve tempo.

Fui me organizando — interna e externamente — e levei algumas roupas para dormir no hospital. Assumi o posto de acompanhante enquanto a família não chegava e, enquanto o via ao meu lado, sentia que éramos irmãos de alma e ia revivendo as cenas que tinha vivido com o Thor.

Era o mesmo movimento, em instâncias diferentes.

Os dias se desenrolaram e decidimos levá-lo para nossa casa, onde montamos uma estrutura para recebê-lo com conforto e segurança. Eu queria me certificar de que ele poderia estar bem cuidado 24 horas por dia e por isso montei um arsenal.

Além de nós e de uma equipe toda preparada, havia o Thor, que dava sua tacada mágica para tornar aquele momento especial. Totalmente recuperado, era ele que buscava a lenha quando o Bruno pedia para acender a lareira.

Como ficava ao lado da lareira cuidando do fogo, no inverno mais rigoroso daqueles tempos, ele pedia com carinho:

— Thor, traz lenha para o dindo!

E lá ia o Thor pegar a lenha com a boca para levar até ele.

Foram tempos difíceis, porém nos fortalecemos juntos. Como amigos, irmãos de alma. Como pessoas que se ajudavam mutuamente.

Depois de noventa dias, quando o Bruno voltou para a casa dele, já sentíamos sua falta.

E logo a Luz da Serra passou a se tornar conhecida, e a Sociedade Brasileira de Radiestesia quis nos conhecer.

Ficamos perplexos e animados. No entanto, não tínhamos uma sede da empresa: eu morava em Nova Petrópolis, e o Bruno, em Gramado. Era cada um atendendo com terapias em sua cidade e decidimos fazer um café colonial na minha casa.

— Vou comprar umas comidas, vamos improvisar e vai dar tudo certo! — decidi.

No dia da visita, estávamos todos prontos quando chegou o presidente da instituição, o padre missionário que tinha trabalhado na África e uma secretária.

E justo naquele dia, a labradora Tati estava no cio. Ou seja: tínhamos praticamente um cachorro louco dentro de casa. O Thor estava subindo pelas paredes atrás dela.

Servi o café colonial e no fundo havia uma porta quadriculada com vidro, onde víamos tudo que acontecia lá fora. O Thor e a Tati iam de um lado para o outro, e a conversa continuava animada. Até que em determinado momento, no ápice da conversa, presenciamos aquele momento, digamos, abençoado.

Em frente ao padre, o Thor pegou a Tati de jeito e cruzou com ela ali mesmo, enquanto tomávamos café tentando não rir nem fazer qualquer menção ao fato.

Até que o padre soltou:

— Sua casa tem uma energia muito boa de prosperidade... e acho que em dois meses teremos filhotes...

Aquele comentário descontraiu a todos.

Era literalmente uma união abençoada.

SETE VIDAS NUM QUINTAL

Por Tati

Ilustração: *Iasmin Hennemann*

Claro que eu sabia que era um dia importante pra Pat. Eu tinha visto o vaivém dela no mercado, de lá para cá, dando o seu melhor para aquele café ser o acontecimento do ano. Como tudo que ela fazia, ela queria que tudo fosse perfeito.

Mas, justo naquela semana, entrei no cio.

E então, o Thor, que era meu companheiro de todas as horas, não saía mais de perto de mim. Eu me esquivava. Fugia, ladrava. Porém, era impossível conter os galanteios dele. Sempre tive uma atração por aquele pelo macio, por seus olhos grandes e aquela cor única. O Thor era um Deus dourado. Ah, e como eu o amava.

Apesar disso, aqueles dias me deixavam, digamos, mais sensível e eu o evitava a todo custo.

Só que bem no meio do café, ele conseguiu me fisgar. E aí todas as atenções se voltaram para nós. Houve um comentário, todos riram. E fiquei ainda mais constrangida. Não por mim, mas por imaginar que tinha estragado um momento que a Pat tinha esperado tanto.

Alguns dias depois, começou um desconforto. Era algo ruim de se controlar, fiquei de uma hora para outra meio esquisita. E sentia que minha barriga estava pesada. Todo mundo estava feliz e tive a notícia: seria mamãe.

Receber essa notícia não é uma das coisas mais fáceis de se digerir. Eu estava ali feliz e preocupada ao mesmo tempo, enquanto o Thor se sentia o cachorro mais poderoso do mundo.

Fomos para a famosa clínica do Dr. Álvaro e foi lá que o parto aconteceu, meses depois. A ninhada veio forte. E infelizmente perdi dois filhotes, mas restaram sete. E, embora fossem encantadores, algo dentro de mim doía. A morte dos que não tinham vindo comigo para casa me fazia sentir como se eu tivesse sido nocauteada.

Ouvi as palavras "depressão pós-parto", mas ninguém podia entender a dor de uma mãe que perdeu alguns filhotes. Nem com os sete vivos, precisando de mim, eu conseguia me animar. Parecia sem chão. Sem forças para reagir. A vida estava diferente e difícil.

Quem me ajudava, como sempre, era a Pat. Ela me convencia a descer até a masmorra — um porão lá da casa onde ficavam os filhotes — e amamentá-los.

Eles eram bagunceiros, e doía demais quando chegavam perto de mim, mas fui aguentando como podia. A Pat colocava cada um num peito e eles se saciavam, enquanto eu tentava fingir que não tinha sete seres dependendo de mim.

Aos poucos eles foram indo embora, um a um. A Pat doava para famílias que queriam alegria. E ela era boa nisso: conectar pessoas a animais.

Mas restou uma, a Rebecca. Ela era mais magrinha porque sempre ficava por último para mamar e por algum motivo ninguém a quis. Ou melhor, quiseram, mas nunca foram buscá-la.

Então, ela virou a bagunceira da casa. Com algum esforço, comecei a tolerá-la, até virarmos amigas. De repente, éramos três. Parecia que estávamos mais fortes. E o Thor amanhecia diferente.

Ninguém sequer imaginava o que estava acontecendo por ali.

E ele não dava um latido sequer para contar.

EXPLORANDO O UNIVERSO

Por Patrícia Cândido

Desde que fiz o primeiro treinamento em projeções astrais com o Wagner Borges, comecei a trabalhar essa parte em mim e literalmente viajar durante o sono.

Com ele aprendi algumas regras, comecei a respeitá-las e, quando isso aconteceu, o Thor me acompanhou nas projeções.

Esta parte do livro, para quem não está habituado ao meu discurso, pode parecer estranha demais, mas deixe sua mente consciente de lado e tente ler o que tenho a dizer com sua alma, porque esse é o tipo de coisa que deveríamos fazer quando a mente questiona algo que desconhecemos — ou temremos.

As projeções astrais começaram num momento muito marcante da minha vida, pois eu estava vivendo minha missão de alma e, ao mesmo tempo, fazia viagens durante a noite, das quais me lembrava quando estava acordada.

Uma delas aconteceu numa noite em que, durante o sono, visitamos as FARC — Forças Armadas Revolucionárias da Colômbia —, onde havia um intenso conflito entre grupos de guerrilha.

Os mentores espirituais que nos levavam nessas viagens faziam coisas que eu jamais imaginaria que existiam. Eles abriam telões no espaço para trazer informações e, sempre que eu ia para essas projeções, o Thor ia comigo.

Ele participava de todas as visitas em locais conflituosos que precisavam de ajuda. Parecia que ele era um passaporte para que eu pudesse entrar em todos os lugares. Eram viagens em esferas espirituais que eu desconhecia. E ele era ligado a todas as egrégoras: a Evangélica, a Católica, a Rosa Cruz, a Umbandista, a Budista. Ou seja, independentemente da esfera em que atuávamos, ele era bem recebido.

Algumas projeções eram difíceis, mas fazíamos o nosso trabalho de aliviar o sofrimento da Terra. Muitas vezes visitávamos o centro de controle do Psiquismo da Terra, e foi com o Thor que fiz a maior parte dessas viagens, já que a intimidade e o convívio com os Mestres vieram através dele.

Comecei a canalizar livros nesse período, ao lado dele, que tinha acesso liberado em muitos lugares. A energia dele me ajudava a escrever.

Até que em 2017, quando fui fazer uma viagem internacional para descansar corpo, mente e espírito, por intuição, resolvi deixá-lo hospedado na clínica do Dr. Álvaro, pois, em qualquer caso de emergência, ele seria amparado, afinal de contas já estava com 13 anos. Quando eu estava voltando da viagem, na primeira escala, recebi a notícia: o Thor não estava bem. Fiquei aflita e, quando desembarquei no Panamá, onde faríamos uma parada, tive a notícia de sua morte.

No avião, tão perto das nuvens, tão perto do céu, eu não conseguia me acalmar. Mesmo sabendo que ele estaria na companhia dos Mestres, mesmo sabendo que ele tinha voltado à origem e estaria finalmente explorando o Universo sem o corpo físico, a dor dessa cisão de almas foi dilacerante.

A saudade de tê-lo ao meu lado, de sentir a pata dele sobre meu pé, de ouvir o latido, era maior do que meu coração podia suportar.

Quando cheguei no Brasil, me senti sem apoio quando vi o quintal sem sua presença.

Minha coluna começou a doer, como se o peso da vida fosse grande demais para que eu a carregasse sozinha.

Tive um dos anos mais tristes e difíceis da minha vida, mas, aos poucos, fui superando aquela ausência, tão sentida quando perdemos alguém que amamos.

A FLOR DE CEREJEIRA

Por Patrícia Cândido

Ilustração: Iasmin Hennemann

A flor de cerejeira simboliza o amor, a renovação, a esperança. Ela é uma flor asiática conhecida como *sakura*, a flor nacional do Japão. O início da floração das cerejeiras marca o fim do inverno e a chegada da primavera, por isso é aguardada com ansiedade pelos japoneses, que fazem festividades em torno de um ato de contemplação chamado *Hanami*.

A lenda diz que a palavra *sakura* surgiu com uma princesa chamada *Konohana Sakuya*, que caiu do céu perto do monte Fuji e se transformou nessa bonita flor. E os samurais há muito tempo apreciam e contemplam a flor de cerejeira, associada à efemeridade da existência, para sempre se lembrarem de viver o momento presente sem medo.

Como as cerejeiras ficam pouco tempo floridas, suas flores representam a fragilidade da vida. E nos mostra como devemos aproveitar intensamente cada momento, lembrando que, assim como a flor da cerejeira é levada pelo tempo, em pouco tempo nossa vida pode terminar.

Em maio de 2018, seis meses depois de o Thor haver partido desse mundo, surgiu a oportunidade de lançar meu livro *Código da Alma* em Portugal. Era o último livro que eu tinha escrito, portanto, poder concretizar aquela viagem era algo precioso demais para mim.

Quando a Editora Planeta, de Barcelona, foi até a Luz da Serra com o convite, mal pude acreditar, pois era um grande sonho ter um livro lançado internacionalmente.

A ideia da viagem parecia ser exatamente o que precisávamos. Meu livro se tornaria best-seller na Europa, e eu nem poderia imaginar que um livro escrito com um cachorro em seus últimos meses de vida pudesse ser algo que ganharia uma projeção mundial tão grande e expressiva.

Estávamos em Portugal, e meu marido, o Paulo Henrique, deu palestras em Madrid. Em meus planos, eu desejava conhecer a Escócia, onde tinha sido gravada uma das minhas séries favoritas, *Outlander*. Para quem não conhece, a série foi baseada em livros de Diana Gabaldon e conta a história de um casal que vive com duzentos anos de diferença um do outro e se encontra através de um círculo de pedras místico que funciona como uma espécie de portal do tempo. Na época nos foi sugerido um roteiro no qual poderíamos visitar as locações do filme e aquilo me interessou bastante.

Contratamos um guia que nos levou em todos os lugares e começou a apresentar outros que não estavam no roteiro. Entre eles, Findhorn, a primeira ecovila produzida em parceria com os devas da natureza.

Fizemos aquele roteiro, fui aos lugares do filme e conhecemos Edimburgo, a capital da Escócia, uma cidade muito antiga e medieval que parecia ser o cenário perfeito para qualquer filme de magia.

Nem preciso dizer que eu estava completamente apaixonada e envolvida por tudo aquilo.

Era um dia de neblina e o Paulo Henrique propôs que ficássemos por lá. O nosso guia, Rafael, disse que queria nos levar até um lugar especial. Como ele gostava de ler, tomar vinho e tinha recém se separado, buscava lugares onde pudesse meditar sozinho — e havia encontrado um ponto perfeito.

— É um lugar maravilhoso, onde tem um jardim japonês. Eu sei que vocês vão gostar, mas nem sempre consigo entrar. Apenas quando o dono não está e o caseiro libera a minha entrada, mas, se dermos sorte, conseguimos.

Sorte era minha palavra favorita. Topei e fomos tentar.

Durante a viagem, muitas coisas passavam pela minha mente e pelo meu coração. Era como se eu fosse encontrar algo mágico.

Ao chegarmos, encontramos o caseiro, que liberou a nossa entrada depois de uma conversa com o Rafael.

Assim que entrei, senti algo diferente no ar. O próprio embaixador de Kyoto havia doado o jardim japonês de presente para aquele lugar. Respirei fundo e, sem acreditar, vi as cerejeiras florescendo lindamente.

Comecei a derramar lágrimas, emotiva. As lembranças eram fortes demais para mim naquele momento.

Para explicar por que as cerejeiras me fazem chorar, preciso fazer uma retrospectiva no tempo.

Assim que o Thor morreu, fiquei de cama por três dias. Eu não conseguia me levantar e nem fazer nada, eu sentia uma grande ruptura acontecendo na minha vida. A ideia de enterrá-lo era demais para mim e, de repente, percebi que não podia fazer aquilo sozinha.

Uma amiga minha, a Marcinha, que tem uma conexão surreal com os bichos, disse que encontraria um bom lugar para enterrá-lo. E eu concordei, sem saber onde era. No entanto, as palavras dela foram importantes naquele momento:

— A Terezinha (nossa amiga em comum) tem um sítio onde existem muitas árvores. Podemos enterrá-lo debaixo de uma delas.

Aquele foi nosso acordo.

Passaram-se alguns meses, e dias antes da minha viagem para a Escócia, a Terezinha me disse onde ele estava enterrado: justamente debaixo de uma *sakura*, a cerejeira japonesa.

Por isso, assim que vi aquelas cerejeiras, comecei a chorar. Não estava em *Outlander*, mas era como se aquele fosse o nosso portal entre tempo e espaço. Como se, através das cerejeiras, eu pudesse sentir onde ele estava. Como se a presença dele pudesse ser quase palpável.

Era o nosso último dia de viagem e estar naquele local era um verdadeiro presente.

Ouvi um barulho e percebi que alguém se aproximava. Logo que me virei, vi uma mulher com uma labradora dourada, exatamente da mesma cor do Thor.

Parecia um milagre. Era uma das maiores sincronicidades que eu já havia vivido. Qual era a probabilidade de encontrar um jardim japonês na Escócia? Algo fora do roteiro turístico em uma propriedade particular? E a probabilidade de surgir um labrador daquela cor justamente naquele momento, enquanto eu pensava no Thor em meio às flores das cerejeiras?

Aos 18 anos, li um livro chamado *A Profecia Celestina*, de James Redfield, que vai me inspirar pelo resto da vida e falava sobre sincronicidades.

Ele dizia basicamente que quando estamos abertos para a vida, as pessoas e lugares começam a transmitir sinais e passamos a viver uma vida de milagres, reconhecendo situações e lugares, como se fôssemos guiados por sinais para eventos que nos traziam algo importante.

Emocionada, fiquei olhando para a labradora. O nome dela era Eva.

Ela me olhou nos olhos, assim como o Thor fazia, e colocou a pata em cima do meu pé. Exatamente como ele fazia. O mesmo gesto. O mesmo animal, o mesmo olhar.

Eu tinha certeza de que aquele momento tinha sido guiado pelo Thor para que eu pudesse entender que ele estava ali. Que ele tinha me ajudado com o *Código da Alma*, mas também estava me acompanhando na viagem. Era como se ele quisesse se fazer presente através da flor de cerejeira e daquela labradora que aparecia naquele momento inacreditável.

Sem fôlego, eu sentia que não importava onde eu estivesse, ele sempre estaria comigo. E era um conforto saber que ele ainda olhava por mim.

Esse momento foi um dos mais lindos da minha vida. Nem conseguia acreditar como aquilo poderia ser possível. Parecia uma ficção. Ele tinha tratado de encontrar um lugar onde eu pudesse reconhecê-lo, havia nos guiado até lá através do Rafael e ainda por cima feito com que uma labradora amarela surgisse naquele exato momento.

Poderia ser qualquer cachorro. Poderia ser ninguém. Mas era um labrador amarelo diante de uma flor de cerejeira. A flor que representava a renovação e a esperança. A flor que representava o fim do inverno e, com ele, a chegada da primavera e de uma nova vida.

UIVANDO AO LUAR

Por Rebecca

Ilustração: Iasmin Hennemann

Meus pais eram o meu mundo. Estar entre eles era o que me energizava. Corríamos pelo jardim todos os dias. E eu sempre ouvia que eu era a "criança" da casa. Rolávamos no chão e nos divertíamos até quando ele estava mais velho e cansado. Até aquele fatídico dia em que a morte dele foi anunciada.

Eu perdi meu pai.

E ninguém conseguia entender meu sofrimento. Perder o pai não era pouca coisa. Ele era o guardião da casa, dos segredos, dos mistérios. Era ele quem sabia de mais coisas do que todo mundo que morava ali.

Ele era nossa referência. E minha mãe, que sempre era ativa, engraçada, compreensiva — mas que tomava muitos remédios —, começou a ficar diferente. Ninguém podia ver ou sentir meu sofrimento, mas eu os fazia ouvir.

Minha alma doía dia e noite e, nesses momentos, eu uivava. Uivava mais do que poderiam suportar. Uivava para tentar mostrar para o mundo o quanto eu estava triste e descontente. Uivava para colocar pra fora aquela dor. Ou pelo menos tentar. Uivava para transmitir aos humanos tudo aquilo que não era exposto.

Estávamos todos com a alma sangrando.

A nossa guardiã e dona, Pat, não era mais a mesma desde que papai tinha partido. Era como se ela tivesse perdido uma parte dela. E eu não conseguia mais ser feliz sabendo que ele não estaria mais entre nós.

Mamãe começou a ficar tão perdida que não sabia mais o que fazer, nem para onde ir. E desse dia em diante levaram ela até uma tal de clínica. Eu sabia que esse era o lugar onde tinha ido o papai. E se a mamãe também me deixasse?

Sozinha, a dor era ainda maior.

Quando percebi, certa tarde, os humanos estavam discutindo entre si. Eu ouvia e sentia que era comigo. Alguma coisa havia acontecido e aquela situação era mais estranha do que eu poderia supor. No meu entendimento, alguém havia reclamado dos meus uivos. E eles falavam tentando não ser ouvidos, mas meus ouvidos eram bons e eu conseguia ouvi-los mais do que supunham.

Entendi o que tinha acontecido: uma vizinha dizia que não aguentava o meu lamento. E sugeria que me tirassem dali. Operassem minhas cordas vocais.

Enquanto eles conversavam entre si, eu fazia de conta que estava distante, mas estava perto. Tão perto que eles perceberam que eu os escutava e fizeram cara de pena.

Me escondi para que não vissem a minha dor.

Apesar disso, eles sabiam que eu não estava mais suportando. A solidão, aquele vazio no peito, aquela tristeza toda naquela casa, a falta da mamãe.

Quando pegaram a coleira, eu sabia que algo em meu destino seria modificado. Não sabia exatamente o quê, nem como, mas a vida seguia seu curso mais uma vez.

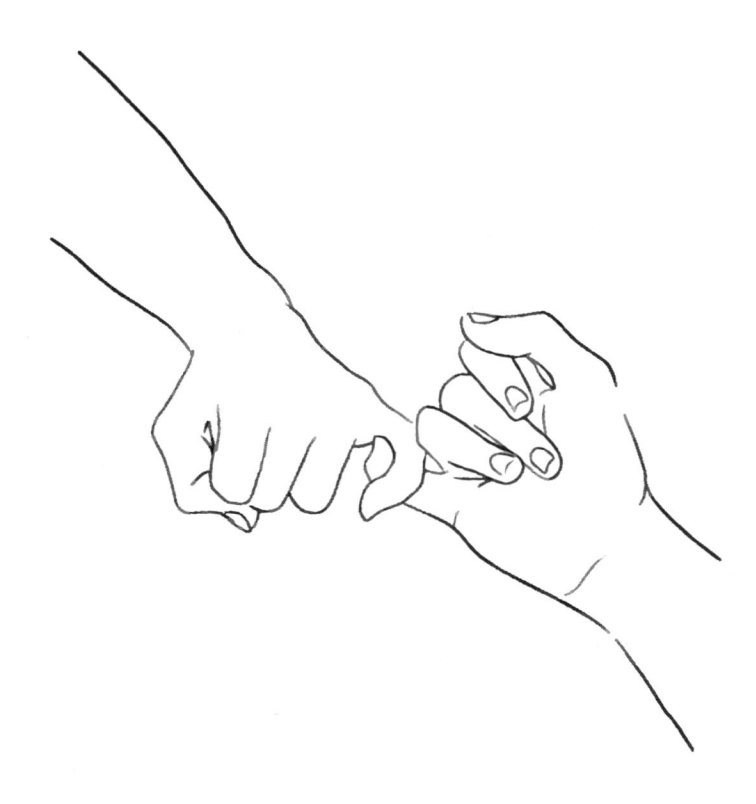

UMA VIDA INCOMUM

Por Patrícia Cândido

Ilustração: Iasmin Hennemann

Na minha vida nada era tido como normal.

Minha infância não tinha sido comum como a das outras crianças, e uma coisa sempre tinha ligação com outra, mesmo que eu só percebesse isso depois de muito tempo.

Ainda lembro quando era pequena, como a família de cotias sempre vinha me mostrar seus filhotes. Toda primavera isso acontecia. Os bichos sempre estavam conectados comigo, e essa conexão acontecia sem que eu me esforçasse.

Desde cedo, eu não tinha medo de nenhum bicho. Ainda não sabia na época, mas, quando crescesse, esse seria um assunto de grande interesse em minha vida. Eu descobriria que, no xamanismo, meu animal de poder era a águia, e isso significava que eu tinha uma conexão direta com o Divino e uma capacidade de viver na esfera espiritual e, ainda assim, ter os pés no chão e continuar ligada de forma equilibrada à vida nesta Terra.

Era comum eu ter um instinto quando se tratava de animais em minha vida.

Quando a Tati teve seu primeiro ataque epilético, sem saber o que fazer, tirei minha roupa e encostei o meu peito no dela até o coração dela se acalmar e entrar no compasso do meu. Conforme ela foi se acalmando, o ataque passou e ela dormiu no meu ombro.

Ilustração: Iasmin Hennemann

Eu não sabia, mas, desde então, teríamos que tratar esses ataques pelo resto de sua vida.

E era lá do início da minha vida que vinha a paixão pelos animais. Paixão que eu mal conseguia explicar.

Quando eu tinha 5 anos, meu pai comprou um cavalo chamado Tostado. E eu, com aquele jeitinho de criança sabida, disse a ele:

— Pai, tu fez um ótimo empreendimento!

Sem entender aquela palavra, ele perguntou o que eu estava querendo dizer.

— Além de ele me levar na escola, vai ajudar a fazer adubo, puxar carroça... foi muito bom, pai.

Ele ria das minhas palavras, porém, nem sempre eu era bem interpretada.

Teve um dia que, em uma conversa de família, soltei a palavra "erudição" e apanhei da minha mãe, que achou que eu havia dito "ereção".

Naquele momento, percebi que ler demais me fazia bem, mas que nem sempre as palavras deveriam ser colocadas em determinados contextos.

Por causa da leitura, eu acabava sabendo mais do que as crianças da minha idade e isso me levou a dar aulas para crianças na parte da tarde quando eu tinha uns 10 anos.

Esse fato fazia com que eu me sentisse a própria representante dos professores e, de tão engajada, acabei indo parar numa greve onde se lutava pelos direitos dos professores.

Minha vida sempre foi diferente e incomum. Não é à toa que hoje meu espaço de criação particular é todo decorado como Alice no País das Maravilhas. A porta pequena, um erro inicial do projeto, acabou se tornando um gancho para que eu me teletransportasse para outro universo. O meu universo particular.

Era ali que eu escrevia minhas histórias, meus livros, e me lembrava de como cada coisa tinha relação com o que eu tinha passado na infância.

Foi só no dia que lancei meu primeiro livro, Grandes Mestres da Humanidade, que me lembrei do livro da Dona Maria, onde havia histórias de mais de cinquenta pessoas que transformaram o mundo.

Minha trajetória sempre foi divertida e peculiar, apesar de ter meus momentos de sofrimento.

Na infância, tinha sido exposta a situações que me ajudariam quando adulta. E todas as experiências do passado me ensinavam, principalmente aquelas que tinham sido vivenciadas com os cães que acompanharam minha vida.

Eles sim eram grandes mestres. Nos ensinavam sobre lealdade, coragem e amor, além de terem qualidades tão profundas que eu mal podia compará-los com os humanos.

Os animais sempre foram tratados por mim como parte da família.

E nem preciso falar que perder o Thor foi como um divisor de águas na minha vida.

Com essa desestruturação interna, lá fora tudo virou um caos. A Tati não conseguia suportar viver sem ele e começou a ter mais crises convulsivas. Não sabia o que fazer e nem para onde ir. E a Rebecca começou com um lamento que não parava.

Parecia que estávamos todas sentindo aquela perda profunda, como se a nossa alma estivesse ligada uma à outra.

Em março de 2018, a Tati começou a fazer fisioterapia na clínica do Dr. Álvaro. Ela fazia esteira na piscina quente, acupuntura e outros tratamentos. Quando a viagem de ida e volta começou a se tornar mais difícil para ela, a decisão foi deixá-la lá por um tempo em reabilitação.

E a Rebecca, que já estava com seus 11 anos, mas ainda tinha a aparência jovem, porque tinha vivido com os pais toda sua vida e mantinha o jeitão de criança, começou a dar sinais de que as coisas não estavam nada bem.

Não sei se você sabe, mas tanto os cachorros como os humanos ou qualquer outro bicho, quando vivem a vida inteira junto dos pais, têm a aparência e o comportamento mais infantilizados.

A Rebecca tinha comportamento de filhote e uivava com tanta profundidade que doía só de ouvir.

Diante daquele lamento desesperador, uma vizinha acabou se manifestando. Ligou para o meu marido com a justificativa de que ficava muito nervosa ao ouvir aquele cachorro uivando dia e noite e disse que precisávamos fazer alguma coisa. Sugeriu uma cirurgia nas cordas vocais ou que sacrificássemos a Rebecca.

Olhamos para ela. Sem pai nem mãe, ela sofria mais do que todos nós.

E aí decidimos levá-la para junto da Tati. Pelo menos na clínica ela teria a companhia da mãe.

Diante de toda essa situação, o Dr. Álvaro olhou para mim com um olhar diferente. Um olhar que dizia muita coisa.

— Olha... acho que vocês precisam adotar outro cachorro...

Segundo ele, se a Rebecca tivesse um entretenimento, ficaria mais feliz. Uma companhia sempre faz bem.

Senti aquele comentário como mais um chamado. Também queríamos a Rebecca de volta, e fazê-la feliz seria como trazer a alegria de volta para nossa casa.

No entanto, não se recupera a alegria do dia para a noite. E só quando duas cadelas entraram em cena na clínica é que o lamento da Rebecca acabou.

Por ironia do destino, o nome delas era Maiara e Maraisa — por causa da dupla sertaneja habituada à sofrência.

Uma delas era uma vira-lata e fomos olhar o histórico dela. Tinha nascido num bairro pobre e também um aspecto curioso: fora adotada e devolvida por várias famílias.

Eu só conseguia perguntar a mim mesma diante daqueles olhos cheios de sapiência: "Como pode um bichinho desses ter sido devolvido por quatro famílias?".

Não foi por impulso. Nossas almas estavam realmente conectadas e o acaso não nos uniu, apenas facilitou que convivêssemos.

Na primeira semana, entendemos o que tinha se passado. E o porquê daquela cadela ter sido devolvida tantas vezes. A menina era uma peste!

Inteligente, ela era atiçada e curiosa, mas o que mais chamava nossa atenção era o medo, ou melhor, o pavor, que tinha de certas situações peculiares. Uma vassoura na mão, saias ou vestidos longos e homens barbudos representavam para ela um pânico incomum. Ela se escondia. Ou se mijava toda.

Contratamos um adestrador para que ela perdesse esse medo todo, mas precisamos de um cuidado ainda maior até para esse detalhe: o homem não poderia ter barba. Caso ela visse um homem com barba, fugia e ia se esconder onde ninguém conseguia encontrá-la.

Eu e meu marido ficávamos observando aquela linda vira-lata e suas peculiaridades. E de tanto brincar que ela era "vira-latinha", virou a Vivi, e então ganhou um novo nome: Elvira.

A Elvira trouxe graça, vida, bagunça, alegria e a Rebecca de volta para nossa casa.

Conforme eu a observava, percebia algo que não tinha notado em nenhum outro cachorro: ela tinha uma mediunidade incrível. Conseguia ver tudo aquilo que ninguém via, tinha percepções extrassensoriais extraordinárias, sentia demais, enxergava o invisível e ouvia mais do que poderíamos saber.

Um cachorro, por si só, já tem poderes de sentir a energia das pessoas, farejar lugares com boa energia e, estando perto, purifica o ambiente, limpa, neutraliza as energias. **Eles fazem isso por amor. E é por isso que muita gente se sente mais protegido quando tem animais de estimação.**

Quando um animal de estimação adoece, ele muitas vezes está curando todo um sistema dentro de casa. Ele geralmente está fazendo com que seus donos entrem em equilíbrio e quase sempre escancara coisas que não queremos ver em nós ou com que precisamos lidar.

Com a Elvira, percebi que a mediunidade era exatamente o assunto em que eu deveria focar naquele momento, porque ela percebia tudo além dos limites.

Naquele ano, ganhei um carvalho, e o carvalho tem condições de construir um ecossistema ao seu redor. Faz tudo crescer, retém a umidade e é uma das plantas mais fortes de toda a natureza. E cada planta tem seu guardião. Os guardiões do carvalho são seres elementais específicos chamados dríades. E essas dríades são protetoras da planta. Pouca gente tem o poder de conseguir enxergar tais elementais, por terem uma energia muito sutil.

A Elvira era um animal que as enxergava.

O nosso carvalho chegou no meu aniversário, através das mãos da Jamilly, uma colaboradora da Luz da Serra. Eu estava apaixonada por ele, era um presente maravilhoso, pois eu sabia que ele demorava seis anos para que a semente germinasse e trinta para que crescesse.

Aquele deveria ter uns 7 anos e foi bem recebido pelo meu jardim. Coloquei-o no meio das plantas e ele parecia estar bem ambientado, mas, quando vi, no dia seguinte, ele estava despedaçado no chão.

Plantei-o novamente e fiquei observando o que havia acontecido. A Elvira olhava para ele e começava a rosnar, pular ao seu redor, como se estivesse afastando quem estava ali para protegê-lo. Ela latia e rosnava para o carvalho sempre que eu replantava.

Até então, eu não tinha me dado conta de que ela estava enxergando o que nenhum de nós via.

Só que, no dia seguinte, ela desenterrou o carvalho. Eu — teimosa — decidi que ia plantar lá fora.

Eis que a Elvira aprendeu a abrir a maçaneta e passar pela porta. E chegou novamente até o carvalho.

Até que um dia ela conseguiu o que queria: comeu até a batata do carvalho. Não havia mais como replantar.

Contei para a Jamilly, que me ajudou a desvendar o mistério e me deu um novo carvalho, o alvarinho, que tive o cuidado de deixar num lugar onde ela não pudesse acessar.

Depois de tudo isso, comecei a respeitar a Elvira de um jeito diferente. Ela tinha uma presença de espírito, um olhar e sabedoria incomuns e parecia enxergar todo o Reino Invisível.

As coisas pareciam se acalmar, eu estava trabalhando bastante, a vida parecia ter voltado aos eixos. Havia apenas uma dor nas costas, insistente o bastante para não ser ignorada.

Eu mal sabia o que estava por vir.

NENHUM ANIMAL **CHEGA** EM NOSSA VIDA POR ACASO.

CADA UM DELES ATRAVESSA NOSSA JORNADA **PARA NOS ENSINAR ALGO**.

E SE **VOCÊ** ESTÁ LENDO ESTE LIVRO É PORQUE **TEM UM GUARDIÃO**.

Patrícia Cândido
@pat.candido

SAMADHI, UMA VIDA COM PROPÓSITO

Por Patrícia Cândido

Ilustração: Jasmin Hennemann

Samadhi **vem do sânscrito e quer dizer** "meditação completa". Na ioga, é a última etapa do sistema, quando se atinge a compreensão da existência e se comunga verdadeiramente com o Universo.

Não sei se eu já estava nesse nível de evolução quando o Samadhi entrou na minha vida, mas a verdade é que minha busca espiritual sempre caminhou lado a lado com a minha relação com os bichos. E eu, que tanto falei sobre os cachorros, minha grande paixão, preciso apresentar mais um personagem importante da minha história. Um animal sagrado que me fez compreender mais do que eu poderia supor e trouxe algo que eu jamais esperei receber.

Mas, antes de falar sobre ele, é preciso dar alguns passos para trás na história, mais especificamente, vamos fazer uma viagem no tempo para quando estávamos fundando a primeira sede da Luz da Serra. Ou melhor: quando ela estava se mostrando para nós.

Não havia qualquer empecilho em continuar atendendo na minha casa, mas alguns eventos estavam contribuindo para que aquilo ficasse desconfortável. Era comum eu estar fazendo um tratamento com aromaterapia e de repente sentia um cheiro de ovo frito vindo da cozinha. Ou simplesmente me sentar no sofá de casa e sentir uma energia remanescente, como se algo tivesse ficado para trás em algum tratamento.

Eu sentia que era hora de ter nossa sede, essa vontade crescia dentro de mim e, naquele dia em 2007, num curso em Santa Catarina, um lugar fascinante, de uma energia quase palpável, eu sentia que estava numa vibração diferente.

A Bárbara, fundadora do Centro de Metafísica Atman Amara e minha madrinha na área holística, nos recebia com muito amor e todos os professores ficavam em áreas de alojamento antes de darem suas aulas. Eu e o Bruno daríamos aula de Fitoenergética naquele final de semana e num dia antes da aula fui até a loja do local. Lá na loja podíamos adquirir incensos, velas aromáticas, florais, revistas, livros, cristais e uma série de itens da área de terapias naturais.

Foi então que a vi.

A imagem da deva das Ametistas.

Ela estava num quadro, hipnotizante, com seu véu violeta e olhos profundamente enigmáticos. Fiquei ali contemplando aquela beleza, aquela imagem que parecia ter vida, quando senti algo acontecer. O mundo parou, eu estava entrando em outro campo. Era uma comunicação. Ela se comunicava comigo e dizia:

— Vocês vão precisar de mim na nova sede da Luz da Serra.

Atônita, pisquei os olhos na tentativa de entender se ela tinha mesmo falado comigo ou se era uma alucinação. Só que o estado de êxtase não me deixava mentir: eu tinha sido conduzida por aquela Mestra e ela estava me mostrando um novo caminho que eu deveria trilhar.

Naquela época, só existia a vontade de ter uma nova sede. Ainda nem sabíamos se ela existiria.

Comprei a imagem e a levei comigo com cuidado, como quem carrega uma amiga delicadamente.

Na manhã seguinte, ao encontrar o Bruno para o nosso café da manhã, estava radiante para contar a ele sobre aquele momento. Ele se sentou diante de mim, e eu já estava com os olhos arregalados e sorriso de orelha a orelha, ansiosa para contar sobre o ocorrido.

— Bruno, tenho uma coisa para te contar — falei, com a expressão vibrante, enquanto ele ajeitava o corpo na cadeira.

— Não. Deixa eu te contar uma coisa primeiro.

As palavras dele vieram com força e com uma animação diferente. O que teria acontecido?

Então, ele começou a dissertar sobre seu sonho na noite anterior:

— Eu sonhei que nós tínhamos uma sede nova lá em Nova Petrópolis. Nós precisamos alugar uma casa e atender nesse espaço.

Dito isso, colocou o guardanapo sobre a mesa e ficou esperando a minha reação.

— Então deixa eu te contar outra coisa — comecei.

Ele ficou curioso. Eu não retrucara nada a respeito da nova sede.

— Ontem, na loja, a deva das Ametistas falou comigo e temos que montar uma sede.

O Bruno me conhece. Sabe que não brinco com esse tipo de coisa. Seus olhos sorriram, admirados pela sincronicidade e pelos sinais que estávamos recebendo.

— Quando voltarmos, vamos falar com o Paulo Henrique e ver o que ele acha — ele concluiu.

Continuamos o café da manhã como se estivéssemos sendo guiados por uma condução divina. Havia algo mágico naquele lugar.

Ao retornarmos a Nova Petrópolis, chamamos o PH para uma conversa. Ele precisava saber sobre os nossos planos. E, para nossa surpresa, antes mesmo de levarmos a ideia para ele, ele disse:

— Gente, eu tive uma intuição.

Eu e o Bruno nos entreolhamos e ele continuou:

—Acho que vamos alugar uma casa para fazer nossa sede. Eu tive um sonho. E nesse sonho as pessoas chamavam esse lugar de Casa Verde.

Fiquei arrepiada da cabeça aos pés. A comunicação tinha sido feita aos três. Cada um a seu modo havia recebido o recado. Precisávamos avançar, seguir no jogo, expandir nossa empresa, encontrar um lugar onde pudéssemos dar nossos cursos.

Seguir recados de mestres e intuições sempre tinha sido vital para nós e, naquele momento, fazia todo sentido. Estávamos cercados de anjos da guarda querendo nos inspirar.

Contamos a ele o que tinha acontecido, e ele ficou perplexo. Não era algo a ser desprezado. Era algo a ser celebrado, ouvido, e precisávamos ter um compromisso cada vez maior com a espiritualidade, que nos alertava de forma tão contundente sobre os passos que deveríamos dar.

Dali em diante, decidimos que precisávamos ficar cada vez mais sintonizados com aquele canal. E fomos ao Ninho das Águias, o ponto mais alto de Nova Petrópolis, um local lindo, onde as pessoas saltam de paraglider. E é lá que se vê a verdadeira e potente "Luz da Serra", um portal que abastece a Serra Gaúcha de energia.

Demos as mãos, com o intuito de fazermos uma oração e, naquele momento, havia algo de sagrado naquela santa comunhão. O Paulo Henrique ainda não estava oficialmente no contrato como sócio, mas era como se selássemos a união dos três. A energia corria pelas nossas veias e se multiplicava. Estávamos quase em outra dimensão, totalmente conectados com a nossa missão de alma.

Nos dias que se seguiram, fomos até as imobiliárias e a primeira casa que visitamos era bege, cercada de uma densa vegetação por todos os lados. Pedimos para olhar aquela casa e ela estava destruída por dentro: o chão era acimentado por baixo de um carpete cheio de rasgos, havia cheiro de mofo e uma parede suando, por onde corria água por causa da umidade. E como estava fechada há bastante tempo, aquilo parecia uma cena de horror.

Só que, além das aparências, havia vida ali. Uma vida palpável que não estava exposta nas paredes nem no chão de cimento.

— Essa sala é enorme. Já vejo quarenta cadeiras aqui — comentei. — Parece perfeita para dar cursos.

A casa também tinha três quartos onde poderíamos montar três consultórios. E uma cozinha boa.

O problema? Não tínhamos um centavo.

— Como vamos reformar isso sem dinheiro? — nos perguntávamos.

Nenhum de nós tinha a resposta. Só uma fé de que ali parecia ter uma mina de ouro escondida, como se pudéssemos farejar nosso futuro, escondido nas entrelinhas de uma casa abandonada.

— Podemos seguir?

Nos entreolhamos. Não tínhamos sequer um fiador.

Os dias passaram rápidos demais. Não tivemos tempo de pensar antes de agir. Sabíamos que a hora era aquela. E conhecemos uma pessoa muito abençoada chamada Terezinha. Ela decidiu ser nossa fiadora, porque tinha simpatia pelo projeto, e também porque gostava de nós. E lá fomos nós, com a cara e com a coragem, encarar aquele novo momento.

Nossa única certeza? Precisávamos seguir em frente.

Não tínhamos dinheiro, mas precisávamos reformar, pagar a reforma e fazer aquilo acontecer. Como em nossos sonhos.

O acaso aproximou o Bruno de uma loja que fazia uma proposta tentadora de cartão de crédito, onde parcelariam em dez vezes. Poderíamos comprar tudo parcelado. Então fizemos o levantamento do que precisávamos. Tinta, carpete, cola, cadeiras, móveis.

E quando algo precisa acontecer, a ajuda divina chega.

Ela chegou através de amigos, de profissionais, de pessoas humanas que nos ajudaram com a mudança, pintura, reforma e nem percebemos o tempo passar. Quando vimos, estávamos com a tal da Casa Verde de pé, como nos nossos sonhos.

E foi aí que entendi o porquê de a deva das Ametistas entrar na história.

Ali era um local cheio de seres elementais. E os elementais estavam todos sem direção dentro da casa, por isso escorria água na parede e era úmido. Todos estavam soltos, sem liderança e direcionamento. E mesmo que o ser elemental faça o papel dele, não consegue fazer o todo. Precisa de uma matriz de liderança.

A Santa Ametista é a deva das Ametistas. Na hierarquia espiritual, está num degrau muito alto. E dava ordens. Era como um arcanjo falando a um querubim.

A primeira coisa que fizemos quando tiramos a umidade da casa foi emoldurar o quadro com a imagem dela no fundo do corredor. E aquele ato parecia perfeito.

Era o que precisava ser ajustado naquele local tão cheio de energias.

Com o passar das semanas, as coisas começavam a entrar nos eixos. De uma maneira quase milagrosa, o dinheiro começava a aparecer e as portas a se abrir para nós. Os cursos dos finais de semana na casa lotavam e contratamos uma primeira colaboradora, a Terezinha, justo ela que tinha aceitado ser nossa fiadora.

Com o olhar atento e amoroso, ela via a força que tinha aquele trabalho de luz e nos apoiava com tanto amor que parecia ter sido conduzida por um anjo da guarda.

A casa parecia estar cada vez mais movimentada, cada vez com mais vida e decidimos fazer uma inauguração. Mas enquanto decidíamos os detalhes, parecia que faltava algo.

E aquele algo que faltava não era um objeto nem uma imagem. Era algo vivo, algo que deveria se encaixar com a energia da casa.

Faltava um gato ali.

Sempre que frequentávamos ambientes terapêuticos percebíamos a presença de gatos rondando o local. A presença desses animais não é coincidência. Os gatos absorvem sete vezes mais prana do que pessoas. Então, conseguem ter muita energia positiva dentro deles.

O prana, a energia que fica no ar que respiramos, vem dos pitris solares, dos raios de luz, e são solidificados pelos elementos naturais. E os gatos são abençoados pelo prana.

Pode perceber: sempre que houver um lugar com energias negativas, o gato está por perto. Ele precisa ficar ali para compensar a energia negativa com sua energia positiva e transmutar o que é denso, ao contrário do cachorro, que só fica onde o ambiente está positivo. O gato tem a necessidade de doar. Ele transmuta e absorve.

Na verdade, a lenda de que gato tem sete vidas é conversa pra boi dormir. Gato tem sete vezes mais quantidade de energia.

Logo, ter um gato parecia ser algo que combinava com a intenção da nossa Casa, um lugar cheio de cura e transmutação energética, pois lidávamos com muita coisa e precisávamos de um animal de poder.

Só que sempre que eu pensava em felinos, me lembrava das palavras da minha mãe que, arranhada por um gato quando era nova, tinha um trauma gigantesco e sempre me botava medo.

— Gato se defende. Não gosta de gente.

Era o que ela dizia. E eu achava que aquilo fosse verdade.

Mas quando algo precisa acontecer em nosso destino, a vida dá um jeito de traçar o plano perfeito para que aquilo se concretize. E foi assim que uma aluna do curso, a Jussara, entrou em contato conosco.

— Vocês não sabem!! Tenho uma ninhada de gatos aqui para doar! Vocês não querem ficar com algum?

Respirei fundo. Aquilo só podia ser intercedência divina.

Ela enviou as fotos: tinha um gato tigrado e um cinza.

— Posso levar para que vocês conheçam — ela disse, animada.

Foi assim que um gato entrou na minha vida. Um gato tigrado dos mais lindos que já vi. Parecia cuidadosamente desenhado por Deus.

A Terezinha também entrou na dança. Adotou um deles e deu o nome de Rafael em homenagem ao arcanjo da cura. O nosso ainda não tinha nome.

— Já sei — disse o Bruno —, vai ser Comandante Lopes.

Todo mundo se calou. Não sabíamos se era um nome adequado para um gato.

Em questão de segundos, ele se desculpou. O mentor espiritual dele disse que era para parar de palhaçada e colocar um nome decente naquele gato. "É importante e ele vai ajudar vocês nesta casa", detalhou.

Ficamos observando o vaivém do gato. Era tranquilo, pacífico. E resolvemos chamá-lo de Samadhi, que traduzia o estado contemplativo da ioga. Parecia perfeito para ele.

Assim, o Samadhi entrou de vez para o clã da Casa Verde.

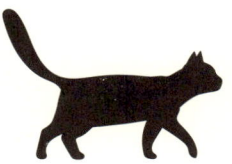

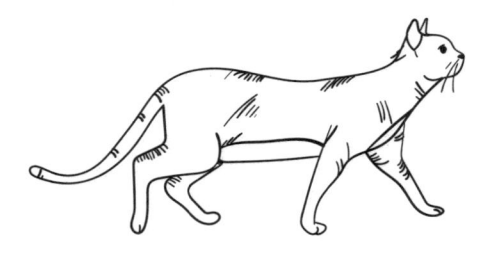

Ele era extremamente preciso, virginiano, observador, sagaz e com peculiaridades únicas. Era só chamá-lo que ele aparecia.

Quem chegava ali para receber tratamento, ficava apenas observando, e se a pessoa não tinha medo, deixávamos que ele se aproximasse. O trabalho estava feito.

Ele ia exatamente no colo de quem precisava de limpeza e ficava colado onde o campo energético da pessoa apresentava falhas. Era um gato absolutamente transparente em suas intenções e a cura era o seu maior potencial.

Por mais incrível que pudesse parecer, sua presença ali era tão unânime que quando os fiscais da Prefeitura visitaram a casa para liberar o alvará de funcionamento, não perceberam sua presença se lambendo todo em cima de uma das macas.

O Samadhi sabia a hora de aparecer e a hora de ser invisível. E, ao chegar no colo das pessoas, fazia uma limpeza prévia que parecia milagre.

Muitas vezes o efeito de sua presença era sentido de tal forma que as pessoas se sensibilizavam. E foi por causa dele que mais de duzentos e cinquenta consultantes adotaram gatos. Eles percebiam a diferença energética depois de uma aproximação do Samadhi. E era algo tão instantâneo e puro que não passava despercebido.

Enquanto de dia fazíamos os atendimentos pagos, em alguns dias, à noite, fazíamos atendimentos terapêuticos gratuitos. E, nessas noites, as pessoas que tinham vidência conseguiam visualizar um grande tigre albino rondando a casa.

Ele assumia essa forma nos dias de Atendimento Fraterno. Ele era mais que um guardião, era um mestre protetor, um animal de cura e poder que rondava a casa para não deixar nenhuma energia intrusa entrar durante o atendimento.

Nessa época, sabíamos que na cidade havia suicídios em número recorde. E aquele atendimento focava na cura emocional, psíquica e espiritual das pessoas.

Alguns anos depois da fundação da Casa Verde, o fenômeno foi comprovado: uma de nossas alunas que trabalhava no cartório confessou que o número de suicídios estava diminuindo. Com essas notícias, começamos a ancorar a energia de que a cidade seria um centro de preservação da vida.

Assim, nos reuníamos em grupo e enviávamos Reiki para o sino da igreja que ficava ali perto. O intuito era um só: cada vez que o sino batesse reverberasse aquela energia Reiki pela cidade.

Sabíamos que, ao ancorar os símbolos sagrados daquela forma, a cidade receberia Reiki três vezes ao dia.

Nessas horas, o Samadhi ficava ao nosso lado, na posição de gato egípcio, como se fosse de outro lugar, conectado a um portal mágico que ele acessava sem que pedíssemos. Era um verdadeiro mestre.

Ele se esticava com uma postura de ioga e se aproximava em todos os momentos, em todas as práticas, e o método pelo qual mais se identificava se chamava método de cura egípcio.

O Reiki Egípcio, ou Seichim, é um antigo sistema milenar de cura utilizado no Egito Antigo, mas que também esteve presente na cultura maia. E posteriormente na Índia e no Tibet.

Acredita-se que o Seichim se originou em templos na Atlântida e tenha sido trazido pelos atlantes que ocuparam o Egito.

Nesses cursos, ele parecia maior e deixava de ser um gato. Ele era um mentor.

Adorado por todos, o Samadhi também tinha seus momentos desastrados. Além disso, trazia uns petiscos para as recepcionistas; caçador de ratos, vez ou outra vinha com a cabeça de um deles e deixava de presente na mesa de alguém para dividir seu lanche.

E quando o Lúcifer (esse era o nome na coleira), um gato da vizinhança, todo preto, invadia a Casa Verde e bebia a água do Samadhi, ele se recusava a beber da mesma água e miava até que alguém a trocasse. Mas não era apenas essa sua mania excêntrica. O Samadhi também miava quando queria ser seco depois de se molhar no orvalho e, após miar, enquanto o secávamos, ele se deliciava com aquela carícia nos pelos e subia na cadeira, limpo e satisfeito.

Todo mundo amava aquele gato.

Até que, certo dia, Samadhi apareceu de coleira e descobrimos algo impossível: o gato sapeca ia de noite para a casa de outra família, onde era tratado a pão de ló. De dia ficava na Casa Verde e de noite se mandava para receber (ou quem sabe dar?) outros cuidados.

Durante seus dez anos de existência, aquele animal cheio de excentricidades me conquistou de todas as maneiras possíveis.

Certa vez, ele foi diagnosticado com FELV, uma espécie de leucemia felina que compromete todo o sistema imunológico. Ficamos muito abalados emocionalmente, mas com esperança de dar uma boa qualidade de vida a ele.

O estado de saúde dele foi piorando, e recebi uma ligação da clínica onde estava sendo tratado. A Dra. Fernanda disse que havia uma chance de tratá-lo com uma quimioterapia, e então não pestanejei. Pedi que tentassem.

No entanto, ele não me perdoou. Seu corpo rejeitou a quimioterapia, e ele literalmente virou a cara para mim, como quem dissesse "era minha hora. Já fiz o que tinha que ser feito. Me deixe descansar em paz".

Cada vez que eu ia visitá-lo, ele não queria interagir comigo...

Até que, uma semana depois, no dia 8 de maio, considerado o Dia do Discípulo pelas filosofias esotéricas, ele descansou, e finalmente teve seu momento de contemplação plena.

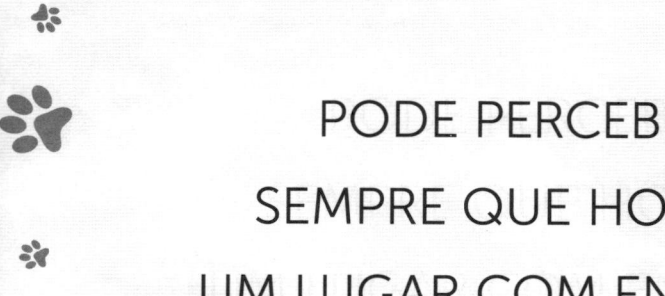

PODE PERCEBER:
SEMPRE QUE HOUVER
UM LUGAR COM ENERGIAS
NEGATIVAS, O **GATO** ESTÁ
POR PERTO. ELE PRECISA FICAR
ALI PARA **COMPENSAR A ENERGIA**
NEGATIVA COM SUA ENERGIA
POSITIVA E **TRANSMUTAR** O QUE
É DENSO, AO CONTRÁRIO DO
CACHORRO, QUE *SÓ FICA* ONDE
O AMBIENTE ESTÁ *POSITIVO*.
O GATO TEM A NECESSIDADE
DE **DOAR**. ELE TRANSMUTA
E ABSORVE.

Patrícia Cândido
@pat.candido

A CONTEMPLAÇÃO

Por Samadhi

Era um dia tranquilo quando os conheci.

Estava num lugar cheio de humanos que olhavam para mim como um estranho. Uma delas me olhava com um misto de medo e excitação, e foi com ela que me senti acolhido.

Seu nome era Patrícia.

Nos meus primeiros dias, a liberdade tinha cheiro de mato. O mato verde que cercava aquela casa que parecia estar nascendo e ter cheiro de intenção boa. Eu não tinha muito o que fazer ali, então vivia correndo atrás de borboletas, buscando animais pequenos, tentando entender como se vivia naquele lugar tão diferente. Até que pessoas começaram a chegar.

Eu não sabia que tinha um propósito. Até aquele dia. O dia que me sentei no colo de uma moça que estava numa cadeira, com uma dor no abdômen. Ela não sabia, mas ali tinha uma falha, um buraco, algum tipo de coisa que eu podia ajudar. E, conforme me aproximei, ela deixou meus pelos se assentarem no seu corpo e senti uma eletricidade percorrendo nossos corpos. Era como se eu pudesse transmitir alguma coisa. Uma coisa boa. E ela sentiu aquilo.

De repente, me senti importante.

Era natural que toda pessoa que chegasse ali me olhasse com medo, mas depois sentisse que eu tinha algo para dar. Aos poucos, eu fazia o meu trabalho. Primeiro de mansinho, depois descaradamente. Tinha gente cheia de dor, dor no peito, na alma. Dor que não se tira com remédio. Mágoa que não se arranca com cirurgia.

E lá estava eu, tentando amenizar as energias que pareciam paradas. Tentando mudar o astral, trazer vida e alegria. Mudar os ambientes, as pessoas. Era natural para mim e eu sabia como me renovar em um segundo no ar lá fora, com a natureza, grama, pássaros, luz.

Eu achava que ninguém percebia, mas ela me via fazendo aquilo. A Patrícia era esperta e me deixava entrar nos atendimentos quando nos entreolhávamos. Eu sabia que precisava da minha ajuda e ela sentia que eu podia fazer algo.

Aos poucos fui me tornando um gato mais ousado. Eu vestia meu verdadeiro manto durante a noite e tomava minha verdadeira forma. Me via como um tigre branco, protetor, e enxergava nuvens pretas tentando se aproximar de um ambiente cheio de luz. Era meu papel proteger aquele território e eu o fazia com a minha vida.

Claro que além de viver como um felino que manjava de energia, eu também gostava de boa comida, então saía pela vizinhança à caça de pequenos animais ou de uma boa comida na casa de quem desse um jantar decente quando eu estava sozinho.

Da liberdade eu não abria mão. E, ao longo dos anos, respeitando essa premissa, cresci ao lado daqueles que me fizeram maior do que eu imaginava que poderia ser. Aprendi com heróis da luz e entendi que um gato pode ser mais que um animal companheiro. Um gato pode mudar a vida de muita gente.

Talvez minha breve vida não tenha sido em vão. Talvez eu tenha inspirado alguém a adotar animais. Mas de uma coisa eu tenho certeza: não houve um humano que tenha sido tocado por mim que não tenha sido transformado pela minha presença.

Eu era pequeno, mas sabia ser gigante. Eu sabia que contemplação era estar ali, observando o que ninguém via. Sem que ninguém percebesse.

Afinal, era isso que eu fazia todos os dias.

Eu era o Samadhi. Nada era por acaso.

A ESPINHA DORSAL

Por Patrícia Cândido

Ilustração: Iasmin Hennemann

A coluna vertebral, também chamada de espinha dorsal, é uma estrutura óssea que existe nos animais vertebrados. Sua principal função é proteger a medula espinal, que faz parte do sistema nervoso central. Ela também dá sustentação ao corpo, dentre outras funções.

Já fazia um tempo que eu tinha perdido a minha espinha dorsal.

Desde que o Thor se fora, minha vida tinha perdido a cor, a graça e todo o peso que ele me ajudava a carregar tinha ficado insustentável.

Nunca tive tendência à depressão, mas não via mais sentido em uma série de coisas. Era como se tivessem me arrancado um membro sem anestesia.

Nesse período, a minha coluna começou a dar sinais de que algo não estava bem. Eu nem podia imaginar, mas minha medula estava sendo muito comprimida e eu poderia ficar paraplégica. Justo eu, que andava com animais de quatro patas, não poderia mais andar.

Fiquei em choque absoluto e, do dia pra noite, tivemos que providenciar uma série de exames até que chegasse a hora da cirurgia.

Era como se meu corpo gritasse comigo: "Ei, Patrícia, para de carregar nas costas o peso do mundo. Para de querer levar tudo nas costas. Para de querer sustentar essa carga de tanta gente".

Com o Thor eu tinha com quem dividir tudo aquilo. Sem ele, não.

Durante o sono, eu realizava (e faço até hoje) trabalhos espirituais que me mantinham de pé. A minha fé inabalável não me deixava cair. Apesar disso, no plano físico, foram necessárias três cirurgias de coluna para que eu ficasse bem.

E tantas coisas aconteceram nesse meio tempo: no fim de 2018 e no começo de 2019, muita coisa atropelou minha vida. Tive a conta da empresa hackeada, minha carteira de motorista foi suspensa e a Rebecca morreu. Tudo isso aconteceu no mesmo dia!

Era tanta demanda emocional que às vezes eu me perguntava como não tinha desabado. Como me mantinha de pé e firme no meio de tanta turbulência?

Até que veio um sonho: o Thor, lindo como sempre, sentado sobre um mapa do Brasil. Sua pata apontava primeiro para Goiânia e depois para Santa Maria. Era como se ele me mostrasse esses lugares.

No sonho, depois de me mostrar esses lugares, ele surgia na figura de um cão da raça Bernese.

Acordei assustada! Tudo parecia tão real...

No meio da noite, fui pesquisar onde havia canis de Bernese. Para minha surpresa, os únicos dois lugares que encontrei no Brasil, eram Goiânia e Santa Maria.

Quase não dormi de excitação. Se ele ia nascer como um cão daquela raça, eu tinha que encontrá-lo. Logo que amanheceu, tratei de ligar para os lugares a fim de saber quando seria a próxima ninhada, mas, para minha frustração, nenhum dos lugares tinha qualquer previsão.

Os meses foram se passando, eu ligava de vez em quando para os canis, mas nada de filhote de Bernese. E minha esperança começou a minguar novamente. Eu sabia que o futuro se alterava o tempo todo. Talvez ele não tivesse voltado.

Relaxei, mas continuava com uma tristeza no fundo da alma. Aquele vazio que só quem perdeu alguém que ama conhece.

Até que um certo dia, um dos milhares de alunos da Luz da Serra iniciou uma conversa comigo na internet. Eu não costumava atender quem fazia esse tipo de abordagem fora da plataforma de cursos, até porque recebo muitas mensagens por dia, mas a pessoa era insistente e dizia que tinha um recado importante para mim: um novo guardião estava chegando junto com o ano-novo astrológico de 2019.

"Mais uma pessoa me dando recados do além", pensei, enquanto fechava a aba da conversa.

Mas a vida não deixa que as pessoas que querem o nosso bem se afastem. Quando temos guardiões, sejam eles quais forem, eles irão se manifestar de alguma maneira. Seja através de uma mensagem, de um animal ou de um amigo.

> E este livro traz esta grande mensagem: não importa que tipo de bicho de estimação você tenha por perto, ele sempre estará lá pronto para te proteger, para te dar carinho, para restaurar suas forças, limpar as energias da sua casa, transformar sua vida em algo mais alegre, mais vital, assim como a natureza.

Confesso que depois de perder o Thor eu estava vivendo uma vida mais apática, sem cor, porque ele resgatava minhas forças e me fazia ter mais fé. Não que o ser humano não me desse essa certeza de que a vida era cheia de amor, só que com os animais eu sentia a força desse amor inviolável. A força desse amor que dá sem pedir nada em troca, que é desmedido e incondicional.

O Thor tinha nascido um ano depois da morte do meu pai, meu grande guardião que sempre estivera preocupado comigo e cuidava de mim de maneira inigualável.

Meu pai era tão conectado comigo, que chorava sempre que eu saía de casa. Tínhamos uma ligação tão forte que aquele laço não podia acabar, e talvez a vinda do Thor para me proteger tenha sido guiada por ele. Eu não poderia viver sem um guardião.

Naquele momento, Elvira já estava conosco. Ela ficava bem sozinha, era extremamente sensível. E assim como cada animal que eu já tivera, carregava parte da minha personalidade.

Todo mundo sabia da minha ligação com o Thor, até nas redes sociais. E por isso quando aquela pessoa me dizia nas mensagens que vira vultos em seu quarto, semelhantes ao Thor e meu pai dizendo que um novo guardião estava chegando, eu chegava a duvidar, mas o arrepio que tomou conta da minha alma quando ele descreveu meu pai, que não estava em nenhuma foto pública, me fez dar a ele uma segunda chance.

Seu nome era Luiz. Uma pessoa aflita que, sem qualquer cerimônia, me dizia que eles (meu pai e Thor) tinham pedido que alguém estivesse atento, me oferecendo proteção, até que o novo guardião estivesse pronto e adulto.

Quando o Luiz disse na mensagem que era natural de Goiânia, meu alerta acendeu. Lembrei imediatamente do sonho com o Thor mostrando que viria alguém de Goiânia para ajudar no trabalho espiritual.

Aquele era o recado!

Eu e o Bruno éramos blindados quanto à presença de outras pessoas no nosso núcleo mais íntimo, mas de repente o Luiz foi ganhando espaço na nossa vida. Mal sabíamos que, daquele primeiro contato, ganharíamos um amigo que caminharia junto conosco para dar aulas de espiritualidade, Fitoenergética e Aura Master.

O Luiz estava certo a respeito de um novo guardião, e eu nem supunha que aquilo pudesse acontecer e estava sendo articulado como uma surpresa para o meu aniversário.

Eu sempre quis um Golden Retriever por perto. Achava um animal lindo e imponente. E não podia imaginar que meus colegas de trabalho junto com o Bruno e o Paulo Henrique estavam buscando me dar este presente: um novo guardião. A minha grande amiga Débora, que sabia da minha vontade de ter um Golden, sugeriu isso para o PH, amigos e colegas, e então eles começaram um incrível processo de busca.

O Daniel, um dos diretores da empresa, começou a operação. E nem imaginaria que teria que ligar para dezenas de canis até encontrar um que tinha um único filhote macho.

Era em Cotia, interior de São Paulo, que estava o meu presente.

Desta vez, ele não viria no Natal, como quando eu era criança. E sim no dia do meu aniversário.

Assim que cheguei na empresa, no dia do meu aniversário, me mostraram os vídeos do filhote nascido em 17 de fevereiro de 2019, na mesma semana em que o Luiz me contatou. Um aquariano cheio de energia. Mas eu teria que esperar até 6 de abril para que ele pudesse chegar ao meu colo.

Ele era uma bolinha de pelos branca que me fazia chorar mesmo por vídeo, e a única coisa que passava pela minha cabeça era: "Como aquela pessoa que me contatou numa rede social sabia disso?".

Eu sou filósofa, racional, tenho muita fé, acredito na ciência, no Universo, mas até hoje me impressiono com a vida me trazendo surpresas que jamais poderia supor.

As sincronicidades acontecem o tempo todo. Não estamos sozinhos.

Sempre tinha acreditado em algo mais, mas aquele sonho, aquela pessoa de Goiânia trazendo uma profecia ao lado do Thor e do meu pai. Aquilo era longe de ser comum!

Então, enquanto ficava na expectativa de receber meu pequeno guardião, estreitava o relacionamento com o Luiz, que me contara sobre ele. E percebia que o Universo sempre nos pede confiança.

De uma coisa eu sabia: meu cãozinho se chamaria Jorge.

E o Jorge era de uma longa linhagem de ancestrais campeões de padrão de raça, chipado, cheio de certificados e registros. Não que aquilo importasse para mim, mas importava para a companhia aérea que o enviaria até o Sul.

Era um cão de raça premium. Um filhote de uma linhagem rara.

No dia que fomos ao aeroporto recebê-lo, tive o privilégio de ter comigo minhas duas sobrinhas, Bruna e Edna, que são como filhas para mim.

Aqui vale falar do cachorro da Edna, o Latrell Spencer, um spitz lindo que recebeu esse nome por conta de um personagem ficcional do filme "As Branquelas". Latrell foi junto para conhecer o primo Jorge.

Naquele dia, chovia bastante, então o Paulo Henrique saiu do carro e pegou a caixa no terminal de cargas do aeroporto enquanto eu sentia uma emoção indescritível.

A Edna e a Bruna estavam no carro e foram as primeiras a pegá-lo no colo. Ele ficou no colo da Bruna, quieto, no da Edna, calado e tranquilo.

Quando finalmente chegou no meu colo, começou a pular, me lamber e sua respiração não se acalmava.

Parecia que ele tinha esperado por aquele encontro tanto quanto eu. Estava extasiado.

Só que eu me enganei se achava que seria apenas naquele dia que aquilo aconteceria. Dali em diante, percebemos que na minha presença ele mal conseguia se controlar.

E isso fez com que o adestrador desse algumas instruções para que ele não se tornasse um cão muito agitado.

O que percebi ao longo dos anos é que o Jorge veio trazer alegria e energia para a minha vida, aquela energia de "baterista" lá de outrora. Ele é um cão que traz a vibração de uma infância que tinha ficado esquecida na minha memória e no meu coração. Ele é um cão que me fez perceber que eu precisava dar amor para a criança interior que estava viva dentro de mim, mas andava muito cansada. Cansada de gente, cansada de situações que pareciam intransponíveis. Cansada de uma vida que exigia tanto o tempo todo.

E tudo que o Jorge fazia era me mostrar que energia não ia embora da noite pro dia. Por mais que eu me sentisse esgotada, sem a mesma energia e vitalidade de outrora, ainda assim, havia uma chama acesa dentro do meu coração. Uma chama que jamais se apagaria.

E o Jorge vinha acender essa chama. Acender meu olhar, trazer esperança para uma pessoa que estava cansada. Trazer a referência de que a vida é movimento, que movimento é ação, que ação e alegria andam juntos e que, quando estamos cansados, às vezes só precisamos de alguém que nos dê uma lambida, que se alegre conosco, que nos faça lembrar de quem somos.

Os animais são isso e muito mais na minha vida. Ao longo de toda minha jornada, pude perceber que aprendi um pouco com cada um deles, que ganhei um presente de cada animal que esteve comigo em minha vida. Todos eles foram imprescindíveis na minha jornada. Me amaram de uma maneira que eu jamais poderia supor.

E eu os amei. Amei cada um de uma forma. Cada um de um jeito diferente. Ganhei brilho e fui protegida. Levei amor e ganhei força.

Nenhum animal chega em nossa vida por acaso.

Cada um deles atravessa nossa jornada para nos ensinar algo. E se você está lendo este livro é porque tem um guardião.

O que eu gostaria que você soubesse é que esses guardiões foram destinados a cuidar de sua vida e estão aqui, neste corpo cheio de pelos, para transmutar energias, cuidar daquilo que não conseguimos enxergar, para iluminar e nos fazer crescer, porque o coração de quem tem bicho de estimação dobra de tamanho.

Não temos como ficar imunes aos animais. Eles são dotados de uma pureza que nenhum ser humano possui. São feitos de alegria, criados pela natureza para trazer felicidade e nos dão a chance de estar com eles.

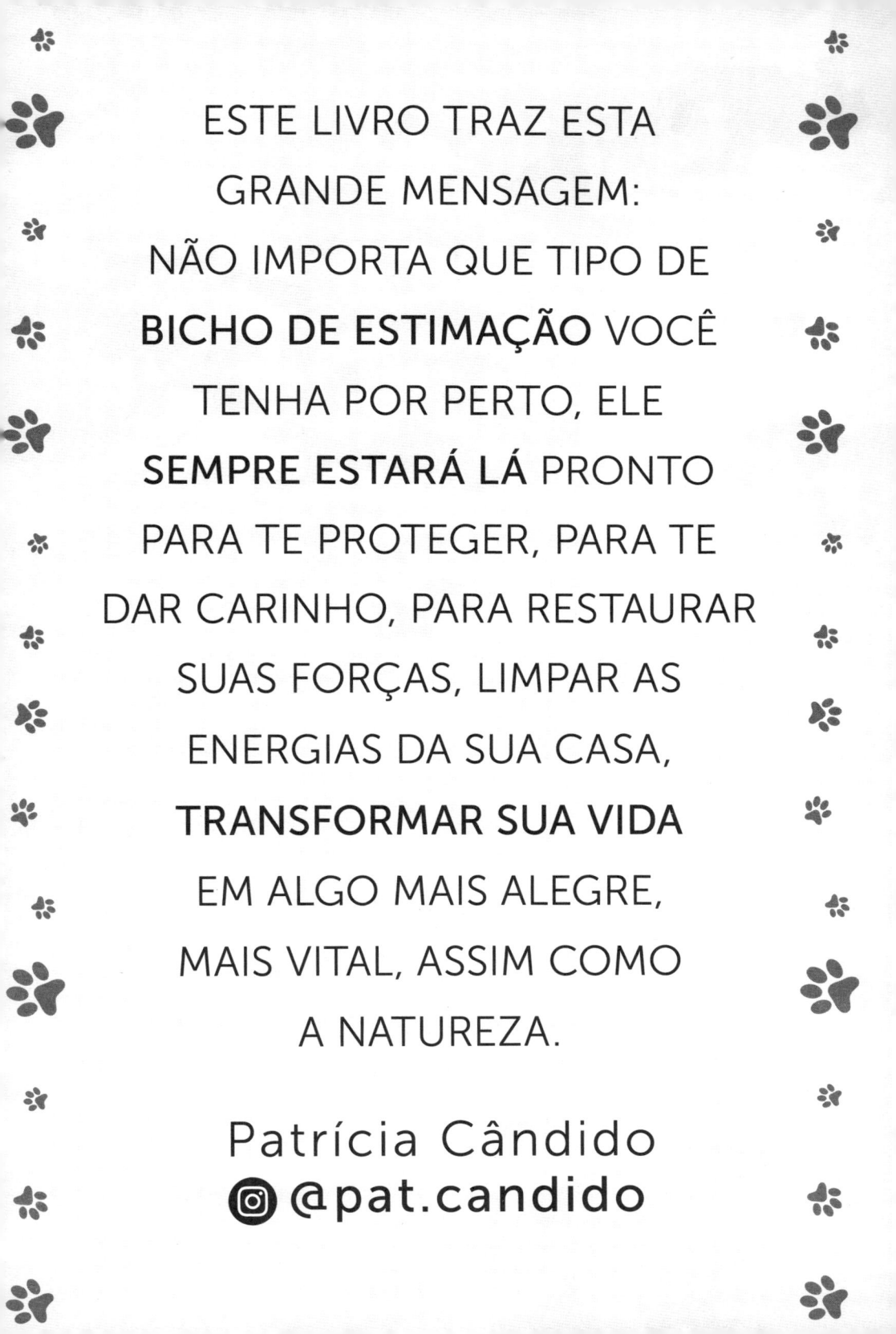

ESTE LIVRO TRAZ ESTA GRANDE MENSAGEM: NÃO IMPORTA QUE TIPO DE **BICHO DE ESTIMAÇÃO** VOCÊ TENHA POR PERTO, ELE **SEMPRE ESTARÁ LÁ** PRONTO PARA TE PROTEGER, PARA TE DAR CARINHO, PARA RESTAURAR SUAS FORÇAS, LIMPAR AS ENERGIAS DA SUA CASA, **TRANSFORMAR SUA VIDA** EM ALGO MAIS ALEGRE, MAIS VITAL, ASSIM COMO A NATUREZA.

Patrícia Cândido
@pat.candido

Se você tem um animal de estimação, saiba que é um privilégio estar ao lado de um guardião de quatro patas. Saiba que ele tem um motivo especial para viver.

Todos os animais que conheço estão na vida das famílias para dar algo de que elas precisam. Alguns levam cura, outros recarregam as baterias das pessoas. Muitos são portadores de novas energias. Ou simplesmente vêm para acalmar um coração que precisa de amor.

Eles trazem emoção e pureza. Sacrificam a própria vida em nosso nome. Muitos deles nos curam de tal maneira que jamais saberemos suas forças.

Já vi milagres acontecendo a partir de animais de estimação que levaram embora dores e doenças. Já vi animais trazendo amor e felicidade. Já vi pessoas ganhando um colorido a mais na vida depois de terem sido agraciadas com a bênção dos animais.

Então, o que posso aconselhar é que você mantenha esse vínculo sempre vivo. Desperte para a força desse animal que está perto de você. Entenda-o pelo olhar, acolha e cuide da melhor forma possível desse bicho que te entende mais do que muita gente.

O RETORNO DO GUARDIÃO

Por Jorge Cândido

Nasci em Cotia, no meio de um lugar com muito verde, mato, passarinho cantando. E desde o meu primeiro dia de vida eu sabia que aquele não seria o meu lugar.

Quando entrei naquela caixa e me colocaram dentro de um lugar que balançava muito, eu sabia que estava indo rumo a minha vida de verdade.

E foi o que aconteceu.

Ao sair da caixa, encontrei duas almas bondosas cujos corações pareciam de cristal antes de me encontrar com ela: a mulher que seria minha grande amiga.

Assim que fui para o seu colo, meu coração pulou, como se aquele fosse um reencontro de almas. Eu não sabia explicar, mas sentia que ela era uma mulher que eu já conhecia. Seu olhar era diferente, sua atitude também, mas eu sabia que era ela, o cheiro era igual.

E tudo que eu queria era contar para ela que ela ainda era a mesma. A mesma menina que eu conhecia.

Por isso, até hoje, sempre tento levar alegria para ela. Eu sempre a chamo para brincar. Na tentativa de que ela não fique parada, peço que ela corra. Quem sabe correndo ela não se lembra de quem foi quando criança?

A Patrícia era uma menina moleca quando pequena. Ela já tinha uma alma gigante, e eu gostaria que ela entendesse que não precisa levar a vida como se fosse um grande peso a ser carregado. Eu sabia que um guardião importante, o Thor, tinha ajudado ela a carregar aquele peso todo.

Mas eu sou diferente!

Eu quero mostrar que a vida não precisa ter peso. Que a vida pode ser leve.

Sei das preocupações que essa mulher carrega. Ela é CEO de um grupo de empresas, escritora, professora, gravava vídeos e, por ser pioneira, já enfrentou muitos preconceitos por disseminar suas ideias de espiritualidade livre. Ela já teve uma carga muito grande para carregar, por isso, muitas vezes parecia estar exaurida.

Só que ela tem dentro de si a alma de uma criança. E isso eu não quero que ela esqueça de jeito nenhum.

A Patrícia que eu conheço é uma pessoa que se alegra com animais mais do que com pessoas, porque ela nem sempre enxerga nas pessoas a pureza que os animais trazem.

E seres humanos são assim: falíveis. Trazem decepções maiores do que podemos suportar. Sabemos até que alguns abandonam seus amigos de quatro patas, e isso não é correto, isso eu não posso aceitar em nenhum momento!

O que gosto de fazer é levar alegria aonde vou, seja quando estou na empresa onde trabalhamos, seja nas redes sociais. Tenho crachá e sou visto quase como um humano, me chamam de Gerente Motivacional por lá. Com uma diferença: sinto como um cão.

E você pode estar se perguntando como um cão sente.

Eu te respondo: um cão sente amor incondicional pelas pessoas. Um cão é um animal que não deixa nada nem ninguém sem resgatar suas emoções mais profundas.

Um cão olha para todos os seres vivos e percebe que existe vida ali, e que podemos recarregar a vida, nos nutrir dela e doar toda energia necessária quando quisermos.

Um cão jamais abandona alguém. Somos fiéis a quem estiver por perto. Não por comida, mas por amor. Não por sermos dependentes, mas porque sabemos o quão valioso é se sentir cuidado por alguém.

SOMOS SERES AMÁVEIS.

SOMOS SERES AMADOS.

SOMOS SEMPRE ENVIADOS PARA QUE QUEM ESTIVER POR PERTO TENHA AQUILO DE QUE PRECISA.

Com guardiões de quatro patas por perto, ninguém fica desprotegido e, mesmo preferindo a paz, sou capaz das coisas mais extremas para defendê-la!

E acho que sou destinado a ter nome de gente: fui Ringo nos anos 1980, e agora Jorge Cândido!

ASCENDENTE REVELADO

Por Patrícia Cândido

Até esse dia fatídico, às vésperas de entregar essa obra para a editora dar sequência ao livro, muitas vezes duvidei que o Jorge tivesse ascendente em Áries. Era o que aparecia no mapa natal: sol em Aquário, ascendente em Áries, lua em Leão e meio do céu em Capricórnio. Os cálculos estavam corretos, mas essa configuração me intrigava...

Eu discordava do ascendente em Áries, porque até então ele nunca havia revelado essa característica — era sempre muito dócil e gentil com crianças, adultos, cachorros e até com os gatos que já haviam cruzado seu caminho.

Era meu primeiro domingo de folga depois de muitos e muitos dias de trabalho pesado e ininterrupto.

Quando quero espairecer, me conectar, orar, vou até o Ninho das Águias, um parque num dos pontos mais altos da Serra Gaúcha, que até já foi citado lá no início do livro, onde as pessoas se reúnem para tomar chimarrão, conversar, saltar de paraglider, confraternizar e celebrar a vida.

Era um lindo domingo de sol, céu de brigadeiro e temperatura perfeita para um passeio. Ainda era cedo, então coloquei o Jorge no carro e lá fomos nós, desfrutar dos nossos momentos de intimidade e conexão naquele lugar iluminado e muito especial pra nós.

Chegando lá, parecia que estávamos no céu, e ele interagiu com os cachorros, dócil como sempre, inclusive o deixei quase solto pra fazer algumas fotos. Ele brincou, correu, olhava para a vista magnífica da serra, bebeu água e comeu alguns petiscos...

Ele estava tranquilo, radiante e feliz, como sempre!

Estávamos voltando com a energia limpa e recarregada, quando decidi parar na pracinha perto de casa, onde ele está habituado a frequentar, pois senti que ele ainda queria brincar mais um pouco, afinal de contas, tínhamos ficado pouco tempo no Ninho das Águias.

Desci do carro totalmente confiante e não estava segurando firme a guia, pois o lugar, além de ser tranquilo, se localiza na praça em que ele está mais acostumado a frequentar... e, enquanto eu pegava a bolsa no carro, ela se aproximou.

Uma labradora amarela, grande, que estava no hall do prédio ao lado da praça.

E, em uma fração de segundos, ela cometeu um erro grave.

Ela ofendeu o Jorge, fazendo algo que na lei canina é inadmissível: cheirou a bunda dele: um macho alfa, e além de tudo guardião.

Com esse ato, ele entendeu que ela queria dominá-lo e, pela primeira vez, vi o ascendente em Áries se manifestando!

Ela queria demonstrar que aquele era o território dela. Ele queria mostrar que não podia ser dominado.

Jorge parecia um tiranossauro rex expressando sua fúria! Em um impulso rápido, ele mordeu a cabeça da labradora, na orelha, e quanto mais eu puxava o enforcador, parecia que eu dava mais vazão à sua ira. A labradora era grande, e ele a sacudia como se ela fosse um pinscher.

Tentei segurar o pescoço dele, e ele acabou mordendo meu pulso, como uma advertência para que eu não me intrometesse em uma briga de guardiões, como se aquilo não fosse assunto para humanos.

A labradora conseguiu fugir do embate, e ele deu um tranco tão forte em meu braço, que quase deslocou meu ombro, enquanto corria atrás dela pelo bairro.

Nesse momento, a fúria dele era tão gigantesca que já não obedecia a nenhum comando, e continuava mordendo a cachorra.

Já éramos três pessoas correndo atrás dos dois sem nenhum sucesso, quando finalmente o tutor da cachorra conseguiu segurar a guia do Jorge e separá-los.

Tivemos que colocar a guia dele ao redor do escorregador da pracinha, formando uma espécie de roldana com a corda, pra conseguir controlá-lo. Ele estava fora de si!

Foi um dos momentos mais angustiantes da minha vida, fiquei muito traumatizada, e é bem difícil lembrar dessa situação.

Até eu conversar com o adestrador, que me explicou o que realmente havia acontecido do ponto de vista canino. Muito chocada fiquei alguns dias sem me aproximar do Jorge, pois parecia que eu não o conhecia mais, que eu não sabia com quem estava lidando.

Foram vários dias de dores no corpo, nos machucados e nas mordidas até meu coração se acalmar. Foi muita descarga de adrenalina e cortisol no mesmo momento, o que gerou uma pane no meu sistema emocional.

Embora a cachorra estivesse solta na rua, sem guia, meu primeiro ato foi oferecer assistência a ela e a seu dono. Eu queria levá-los, respectivamente ao veterinário e ao hospital, mas felizmente não foi necessário, pois conseguimos separar essa briga de cachorros grandes, antes que o pior acontecesse.

O pior para o meu emocional foi que a labradora era muito semelhante ao meu Thor, então, na hora da briga, a cena foi muito forte para mim, pois parecia que o Jorge estava tentando matar o Thor.

Depois de uns dias elaborando o que aconteceu, conversando com o adestrador, entendi que esse é um lado que o Jorge só utiliza quando necessário, quando ele sente alguma ameaça. E ele se posicionou exatamente como um guardião, entre mim e a cachorra, não permitindo que ela se aproximasse de mim.

Ele fez isso para me defender, como faz à noite durante nossas viagens da alma (projeções astrais), que têm acontecido com frequência desde que ele completou dois anos.

Jorge está amadurecendo, assumindo responsabilidades e mostrando cada vez mais que aquela energia infantil de baterista está ficando para trás.

Agora é hora de assumir novas atribuições e se manifestar como um grande guardião. E todos nós que convivemos com ele precisamos aprender a lidar com esse outro lado.

As pessoas envolvidas no incidente e amigos que ficaram sabendo dessa história têm dificuldade de acreditar no que aconteceu. Como alguém tão doce manifesta uma fúria tão avassaladora?

Essa é a energia dos guardiões, que defendem seu propósito e lutam por aquilo em que acreditam! E fazem o necessário pra proteger seus humanos, mesmo que isso lhe custe a vida!

E assim o ascendente foi revelado.

LUA NOVA

Por Patrícia Cândido

A vinda do Jorge me abençoou com renovação, energia, vitalidade, como se outros recomeços fossem possíveis, e novas possibilidades se apresentassem, mesmo em uma fase mais madura da vida.

Os animais vivem em total conexão com a natureza, com as estações do ano, com as fases da lua, com o dia e a noite, por isso podemos aprender muito com eles.

O caminho humano começou a se desviar quando pensamos que poderíamos controlar a natureza, nossos instintos e a ordem natural das coisas.

Não existem animais domésticos... todos somos selvagens e "fomos" domesticados... traumatizados... e obrigados muitas vezes a frear e reter nossas emoções. Quantas vezes homens que choram são chamados de fracos? Quantas vezes mulheres que expõem suas ideias são chamadas de desequilibradas?

Todos nós, bichos, temos dentro de nós uma bússola interior capaz de nos conectar à fonte de energia amorosa que abastece todo o universo. Somos seres de luz atravessando uma experiência material, e nossos guardiões de quatro patas são a mais plena expressão do amor de Deus.

Os animais são, expressam e vivem tudo o que nasceram pra ser, vivem a totalidade de seus potenciais!

Durante toda a construção desta obra, eu ri, chorei, me emocionei, me diverti e aprendi muito com cada um dos meus bichos.

De todo meu coração, espero que você também tenha se emocionado e que as histórias tenham acrescentado grandes aprendizados à sua vida.

Cuide bem dos seus guardiões, ame-os, proteja-os, porque eles nunca vão te abandonar! Eles dariam a vida por você.

Até a próxima jornada!

Com amor,

PAT.

POSFÁCIO
Por Dr. Álvaro Abreu

Ilustração: Iasmin Hennemann

A Patrícia é uma pessoa iluminada, que tem uma simbiose muito marcante com os animais. É uma relação que não é comum nem normal, conforme consigo observar em minha rotina no consultório. Tenho trinta e três anos de profissão e já convivo há quase vinte anos com a Patrícia. Algo que me marcou muito, quando nasceu minha filha, foi que a Patrícia pintou um quadro de São Francisco de Assis, protetor dos animais. Ela me deu de presente em 2006. Ela me via dessa forma, como um protetor. E é isso mesmo que tento ser até hoje.

Entre os veterinários, a gente sempre brinca que os cães são reflexo do dono. Observamos como eles são tratados e interagem com o ambiente em que vivem.

O Thor e a Tati, por exemplo, entendiam tudo e tinham realmente uma interação bem diferente dos demais. O Thor era um labrador com um problema de articulação que teve de fazer um procedimento cirúrgico com o qual sofreu muito, pois teve dificuldade na recuperação – mas em nenhum momento ele desistiu. Ele olhava pra gente e a gente entendia no olhar dele que ele estava disposto a fazer a sua parte e colaborar conosco para fazermos a nossa. Foram meses de tratamentos e cuidados intensos, e ele sempre firme, mostrando alegria. Nunca se abateu, então podemos encarar isso como uma lição de vida. Ele não desistia nunca. Quando cogitávamos que ele pudesse estar em sofrimento, ele mostrava uma reação e passava pela dificuldade.

Brinco que a Patrícia consegue passar para os animais a mesma energia que transmite para as pessoas. Todos os seus animais são extremamente felizes por ter a sua companhia. São animais que recebem uma carga de energia positiva, o que conseguimos perceber quando estamos próximos deles. São animais felizes que vivem num ambiente maravilhoso.

Outra coisa importante é a forma de criar e conduzi-los, e nisso a Patrícia é exemplar. A Tati e o Thor precisavam muito de atenção, carinho e espaço. Um animal grande como um labrador precisa se sujar de barro e brincar, ter companhia, não viver sozinho. A Patrícia em nenhum momento entendia que eles eram animais. Eles eram cuidados como pessoas, e ela deixava que cada um tivesse sua vida. Sempre se esforçou para que eles tivessem vidas felizes.

A Patrícia proporcionou o melhor para todos os seus animais, tanto em relação a conforto quanto em termos de medicação e tratamento, principalmente no final de suas vidas.

Depois de certa idade, o animal precisa de outros cuidados, como aconteceu com a Tati e a Rebecca. Acompanhamos todos nesse final, oferecemos o máximo de cuidado, até que a velhice chegasse e os levasse. Para mim, era um ciclo que se encerrava. Fiz a primeira vacina de cada um deles com 45 dias e os acompanhei ao longo de suas vidas. Existia um sentimento de perda, mas isso me fazia entender que a vida é um ciclo que se encerra.

Quando encerramos o último ciclo, veio a Elvira, e assim sabíamos que entraria um novo recomeço. A Elvira convivia conosco durante a internação da Rebecca. Era um animal abandonado, mas com alegria de viver. Hoje, ela aproveita a vida junto da Patrícia e com a companhia do Jorge.

A Patrícia sempre acolheu os animais, em todas as suas fases. Sempre os recebeu com bastante alegria. Ao mesmo tempo, os animais sentiam e sentem esse amor dela por eles, e desse modo construíram laços reais de afeto, cumplicidade e amizade, como ficou claro aqui neste livro. Desejo que todos nós possamos nos inspirar nas histórias contadas nesta obra, que consigamos enxergar que os animais são verdadeiros guardiões dispostos a cuidar de quem tem a sensibilidade de enxergá-los dessa forma.

CADERNO DE FOTOS

A fotografia é uma tecnologia incrível, que nos permite eternizar os momentos mais especiais da nossa vida. Por meio das fotos, podemos manter sempre vivas em nossa memória as lembranças das pessoas queridas – na verdade, não só das pessoas, mas também dos animais, das casas em que vivemos, dos lugares que visitamos.

Assim, podemos diminuir a saudade e até dar boas risadas ao lembrar de certas situações. Além disso, mostrar nossas fotos aos outros é uma forma de nos abrir, de mostrarmos uma parte da nossa história, uma parte de quem somos, para quem é especial em nossa vida hoje. E você, querido leitor, que a partir desse livro conheceu tanto sobre mim, está convidado a visitar mais um pouco da minha trajetória com meus Guardiões de Quatro Patas por meio das fotos a seguir. Desejo que você goste da experiência.

Kojac, o guardião que, apesar de ser pequeno em tamanho, guardava uma força enorme dentro de si.

Registro do casamento da Cláudia, filha do meu padrinho Fano, onde fui aia.

Minha família sempre rodeada de guardiões.

Ringo, o guardião que adorava uma festa no sábado de manhã.

O Guardião Tostado, o "ótimo empreendimento" do meu pai (como eu dizia na época).

Thor, o guardião de olhar profundo e amoroso.

Thor, o guardião enviado dos anjos para mim.

Tati, a guardiã que trouxe alegria e amor para nossa casa.

Tati e o fruto do seu amor com Thor.

Rebecca, em um dos raros momentos em que ela parou para fazer uma foto.

Samadhi, o guardião que sabia a hora de aparecer e a hora de ser invisível.

Samadhi, uma vida com propósito.

Jorge, o guardião que também é gerente motivacional no Grupo Luz da Serra.

O guardião destinado a ter nome de gente – Ringo nos anos 80 e agora Jorge Cândido.

Jorge e Elvira em um momento relax, porque guardiões também precisam tomar sol e descansar.

"O que, Pat? Acabou o petisco?"

"Nem um pedacinho?"

"Ahh, não acabou não!"

SOBRE A AUTORA

@pat.candido

    Patrícia Cândido é CEO do Grupo Luz da Serra, filósofa e pesquisadora na área da espiritualidade há 20 anos, além de mentora e palestrante internacional, com mais de 150 mil alunos em seus treinamentos. Tem 20 obras publicadas, sendo 10 best-sellers no Brasil e na Europa.

    No seu Instagram, se conecta diariamente com mais de 220 mil seguidores, e no Canal Luz da Serra no YouTube proporciona conteúdo de qualidade para seus 2 milhões de inscritos. Ela é Embaixadora Mundial da Fitoenergética, sistema de cura natural inédito no mundo, que tem como base a energia vibracional contida nas plantas, reconhecido inclusive pelo Ministério da Saúde.

    Conhecida na imprensa nacional, já participou de diversos programas de TV e publicou textos nos maiores veículos da imprensa brasileira.

Transformação pessoal, crescimento contínuo, aprendizado com equilíbrio e consciência elevada. Essas palavras fazem sentido para você?

Se você busca a sua evolução espiritual, acesse os nossos sites e redes sociais:

Leia Luz – o canal da Luz da Serra Editora no **YouTube:**

Luz da Serra Editora no **Instagram:**

Luz da Serra Editora no **Facebook:**

Conheça também nosso **Selo MAP – Mentes de Alta Performance:**

No **Instagram:**

No **Facebook:**

Conheça todos os nossos livros acessando nossa **loja virtual:**

Conheça os sites das outras empresas do Grupo Luz da Serra:

luzdaserra.com.br

iniciados.com.br

luzdaserra

Luz da Serra®
EDITORA

Avenida Quinze de Novembro, 785 – Centro
Nova Petrópolis / RS – CEP 95150-000
Fone: (54) 3281-4399 / (54) 99113-7657
E-mail: loja@luzdaserra.com.br